守护平安校园　让法治走进课堂

反校园欺凌手册

佟丽华 ◎ 主编

北京出版集团公司
北京少年儿童出版社

图书在版编目（CIP）数据

反校园欺凌手册 / 佟丽华主编. — 北京：北京少年儿童出版社，2017.1
ISBN 978-7-5301-5025-2

Ⅰ．①反… Ⅱ．①佟… Ⅲ．①校园—暴力行为—预防—手册 Ⅳ．①G474-62

中国版本图书馆CIP数据核字(2017)第008279号

反校园欺凌手册

FAN XIAOYUAN QILING SHOUCE

佟丽华　主编

*

北 京 出 版 集 团 公 司
北 京 少 年 儿 童 出 版 社　出版

（北京北三环中路6号）
邮政编码：100120

网　址：ｗｗｗ．ｂｐｈ．ｃｏｍ．ｃｎ
北京出版集团公司总发行
新 华 书 店 经 销
北京时尚印佳彩色印刷有限公司印刷

*

787毫米×1092毫米　16开本　8印张　95千字
2017年1月第1版　2017年1月第1次印刷
ISBN 978-7-5301-5025-2
定价：24.80元
如有印装质量问题，由本社负责调换
质量监督电话：010-58572393

前言

十多年来，我们一直在关注校园欺凌和暴力问题，2002年我就曾经接受《中国教育报》专访，后来该报发表了《让暴力远离校园》的专题文章。自2016年以来，校园欺凌的问题逐渐引发社会的广泛关注。2016年4月，国务院教育督导室下发了《关于开展校园欺凌专项治理的通知》，对全国各地中小学校开展校园欺凌工作提出了明确要求。但很多国家政策都面临着效应逐级递减的局面。面对国务院教育督导室的这样一个通知，又是学校往往头痛、困惑、无奈的校园欺凌问题，一些地方的基层教育行政部门和中小学校往往只是简单传达一下而已。

2016年12月8日深夜，一篇名为《每对母子都是生死之交，我要陪他向校园霸凌说NO！》的文章在微信朋友圈等平台流传，文章作者自述儿子受到校园欺凌，由此把校园欺凌话题再次引向高潮。在这前后，数十家媒体联系我做采访。由于时间关系，我只接受了有限几家媒体的采访，临时赶写的稿子中一些观点被多家媒体引用。一些媒体的报道受到社会广泛关注：中央电视台《新闻调查》栏目11月26日播出了早前采访的《致命的欺凌》节目，一个15岁的少年长期受到同学欺负，留下遗书自杀了；《东方时空》在不到10天时间里4次就校园欺凌案件采访我，有的因多年受到欺凌出现精神疾病，有的忍无可忍动刀捅死别人；12月9日，《焦点访谈》栏目再次就一起校园欺凌案件对我进行采访。每次就这些案件接受采访，心情都格外沉重。

2016年，国务院教育督导室及教育部牵头的九部门就校园欺凌问题发布了指导意见，这体现了国家及教育部等部门对此问题的重视。国务院教育督导室通知提出，"各校要制定完善校园欺凌的预防和处理制度、措施，建立校园欺凌事件应急处置预案，明确相关岗位教职工预防和处理校园欺凌的职责。"教育部等九部门通知提出，"研制学校防治学生欺凌和暴力的指导手册"。国家提出这样的要求是必要的，但由基层教育行政部门和中小学校研究这样的指导手册和制定切实有效的预防和处理校园欺凌制度是困难的。学校的专长是知识教育，对于校园欺凌及校园暴力这种专业的、棘手的问题，不仅学校，基层教育行政部门也普遍缺乏处理经验。

为了更好地预防校园欺凌及暴力案件的发生，我们结合多年的研究，出版了这本《反校园欺凌手册》，希望这本书对中小学校开展预防和处理校园欺凌案件有所帮助。需要说明的是，这本书的重点不在普及法律知识，更多的是提出探索性的意见和建议。比如，书中提出教育行政部门和学校要建立反欺凌委员会，学校要确立专人负责反校园欺凌工作，我们将这名专职人员称为反校园欺凌协调员；提出了反欺凌委员会、校长、班主任老师等人在反校园欺凌工作中的具体职责，提出了预防校园欺凌的六项制度，提出了处理校园欺凌的具体程序。这些内容都是开放性的，不是需要中小学校去照搬的制度，而是供中小学校结合自己工作来讨论、修订和完善的草案。只有中小学校结合自身工作对上述内容进行认真讨论，最后开发出符合本校实际的具体制度，才能切实提升学校相关人员预防和处理校园欺凌问题的意识和能力，才能真正完善相关制度。

校园欺凌不同于一般校园暴力那么血腥、扎眼，在未出现严重身体暴力，或者没有殴打、没有造成轻伤等严重伤害时，不仅学校，即使基层教育行政部门和司法机关，也往往认为校园欺凌就是一般的同学打闹、闹矛盾，在面对学生甚至家长的反映时，也往往未给予足够重视。但必须承认，校园欺凌确实容易给被欺凌者带来严重的心理伤害，有些甚至造成了严重后果。未成年人的身心是脆弱的，有的学生相比其他同学更加脆弱，这也是现实。有些玩笑、打闹、恶作剧、恐吓、侮辱、推搡，对一部分同学可能无所谓，但对有些同学就可能带来心理伤害。但我们不能因此对受到伤害的同学进行抱怨甚至指责，我们要给那些受到伤害的学生以更多关心和爱护，鼓励、支持他们面对困难，帮助他们解决问题。

国务院教育督导室通知下发后，我曾经应《中国教育报》邀请撰写了《反校园欺凌需要完善的三项制度》一文。作为一名长期研究未成年人保护和犯罪预防的专业人士，我在很多场合呼吁要通过修改国家法律来尽快完善相关制度。通过立法和政策改革来完善制度是必要的、迫切的，但当前制度的潜力还远未挖掘出来。比如，校园欺凌是存在于成人和孩子两个世界的现实问题，学生们一般不愿把问题向老师和学校报告，这导致了绝大多数问题处于隐形状态，媒体报道的更多是造成严重身心伤害的案件。但难道我们鼓励学生对各种类型、各种程度的欺凌都要向老师和家长报告吗？难道获得鼓励，学生就都会及时向老师和家长报告吗？难道让老师、学校和家长来解决学生间的所有欺凌问题就是好的解决思路吗？难道校园欺凌是司法机关"严惩"所能解决的问题吗？

　　我认为，校园欺凌本质上是学生成长过程中的一种处理人际关系的方式。在现代文明社会，要通过教育和矫治，帮助学生摒弃这种粗暴的、野蛮的、恃强凌弱的人际关系，培养形成一种团结、友爱、互相尊重的人际关系。所以在某种程度上，这是学生必须面对的成长问题。学校、老师和家长及时介入是必要的，但学校、老师和家长又必须为学生的成长留出必要的空间，不能越俎代庖。如何处理人际关系以及解决矛盾纷争是人生的必修课，每个孩子都无法回避。所以从这个角度来说，绝大多数一般校园欺凌问题最好由学生来解决，而不是都向老师和家长报告。

　　但绝大多数一般校园欺凌问题都由学生自行解决又不是当前这种放任的状态，这种状态是以欺凌者不良行为的恶化和被欺凌者受到伤害为基础，在同学间蔓延了恃强凌弱的紧张气氛。我建议反校园欺凌不仅是教育行政部门、学校、老师甚至司法机关，这些都很重要，但反校园欺凌的重点之一应该是学生，也就是要让学生成为反校园欺凌的主力，要让学生在反校园欺凌的过程中得到成长，培养学生一种文明健康的处理人际关系的模式。所以从这个角度来说，反校园欺凌不仅是要解决个案，而应该是学校教育的重要组成部分。

　　很多国家在探索使用同侪合作的模式来解决校园欺凌问题，也就是通过高低年级搭配来帮助弱势学生克服困难。我认为理论上中国具备学生之间自行解决校园欺凌问题的最好基础。那就是在中国从小学开始直到大学都建立起了体系严密、组织健全的学生组织。在中国的学校中，不仅每个班有班委会，设置有班长、副班长及学习、劳动、文体等委员，在中学及大学都设置有学生会。同时，我国学校设立有建制严密的团队组织，根据少先队和共青团的章程，团队组织的重要职责之一就是维护团员、队员的合法权益。遗憾的是，如此体系健全的学生组织在反校园欺凌的过程中并未发挥重要作用。这种局面与学校对学生组织的定位有着密切关系，绝大多数学生组织的负责人都是那些成绩优秀、老师喜欢的学生，学校以及班主任并未重视学生组织在解决校园欺凌中的作用。为了更好地发挥学生组织的作用，我认为学校以及班主任老师需要转变观念，在推荐、选拔学生干部时重点不是考虑学生学习成绩是否优秀，而是要看学生是否正直、勇敢、擅于解决问题。未来理想的状态是，学生干部们正直、勇敢、擅于解决问题，学生干部们引领了校园风气，学生之间团结、友爱、互相尊重，绝大多数所谓校园欺凌问题在萌芽状态下解决，需要老师解决的越来越少，而需要学校、教委及司法机关解决的更是越来越少。

  这是一个开始。当前，各级教育行政部门在解决校园欺凌的过程中投入的资源和人力还不够，我们还缺乏必要的基础研究和经验，针对校长、老师的有效培训还非常匮乏，这都制约着我们预防和处理校园欺凌问题的成效。这本书希望为各级教育行政部门和中小学校解决校园欺凌问题提供一些参考，由于时间、水平等局限，书中还有很多不足之处，这都需要我们在未来的研究和实践中去丰富和完善。

  相信随着党和政府以及社会各界对校园欺凌问题日益重视，这个问题必将逐步得到更好的解决。

中华全国律师协会未成年人保护专业委员会 主任
北京青少年法律援助与研究中心 主任
2016年12月26日

引言

　　一段时间以来，大量校园欺凌案件引发了社会的广泛关注。校园是孩子学习、生活的重要场所，积极预防和制止校园欺凌行为，保护在校学生的人身安全是学校和老师的基本义务。校园欺凌不仅威胁在校学生的人身安全，而且破坏了学校的管理秩序，影响了教育事业的健康发展。学校应该建立严格的反校园欺凌制度，有效保障学生人身安全和学校的正常教学秩序。

　　但是，从各地曝光的校园欺凌案件来看，长时间以来，校园欺凌问题并未引起学校和教育行政部门的足够重视，以至绝大多数中小学校及教育行政部门普遍缺乏预防及处理校园欺凌案件的经验和机制。即使像北京市海淀区中关村第二小学这样的学校，也依然明显看出缺乏技巧和经验。

　　2016年4月底，国务院教育督导委员会办公室印发《关于开展校园欺凌专项治理的通知》（以下简称"国务院教育督导办通知"），同年11月教育部、中央综治办、最高人民法院、最高人民检察院、公安部、民政部、司法部、共青团中央、全国妇联等九部门联合印发《关于防治中小学生欺凌和暴力的指导意见》（以下简称"九部门意见"），将对校园欺凌行为的专项治理提上了议事日程。为了增强学校处理校园欺凌案件的能力，推动建立有效预防、应对校园欺凌案件的处理机制，我们在总结国内外经验的基础上编写了本手册。本手册主要立足学校视角，深入探讨校园欺凌的常见类型、处理校园欺凌的基本原则以及对校园欺凌的预防和处理程序等内容。

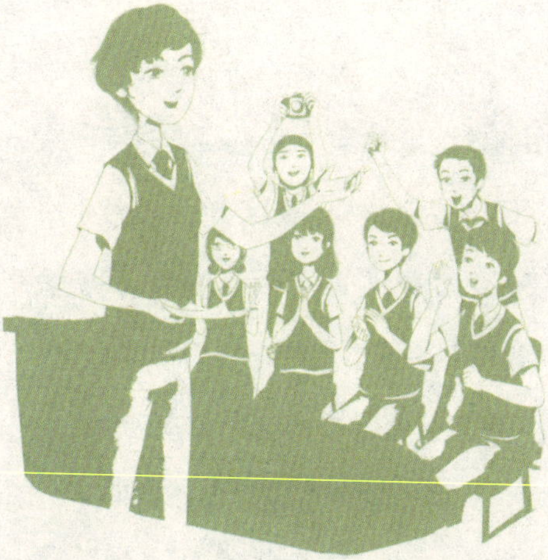

目 录

第1章　认识校园欺凌

校园欺凌的定义、分类及表现形式 4

欺凌与其他类似行为的区别 11

校园欺凌易发的时间和地点 14

关注女孩欺凌 17

校园欺凌产生严重危害 19

第2章　处理校园欺凌的基本原则

关爱每一位学生，避免标签化 25

提升学生参与度，不轻易扩大处理 27

鼓励、支持家长介入，促成矛盾化解 28

借助专业力量，推动多部门联动 30

法治教育与德育工作并重 31

以及时、妥善为目标，力争有效治理 32

第3章　反校园欺凌的五个主体

学生预防和处理校园欺凌.. 36

教师预防和处理校园欺凌.. 40

学校预防和处理校园欺凌.. 42

教育行政部门预防和处理校园欺凌..................................... 45

司法机关预防和处理校园欺凌... 47

第4章　对校园欺凌的预防

日常教育辅导和宣传制度.. 57

常规课外巡查制度... 63

门卫管理制度.. 66

危险物品管理制度... 67

与家长的联系合作制度.. 69

与相关部门、专业人员联席协作.. 70

第5章　校园欺凌处理程序

发现校园欺凌行为 79
现场紧急处理 82
调查 85
作出处理决定 87
追踪辅导 89

第6章　校园欺凌的相关法律责任

欺凌者的责任 93
学校的责任 110

后记 115

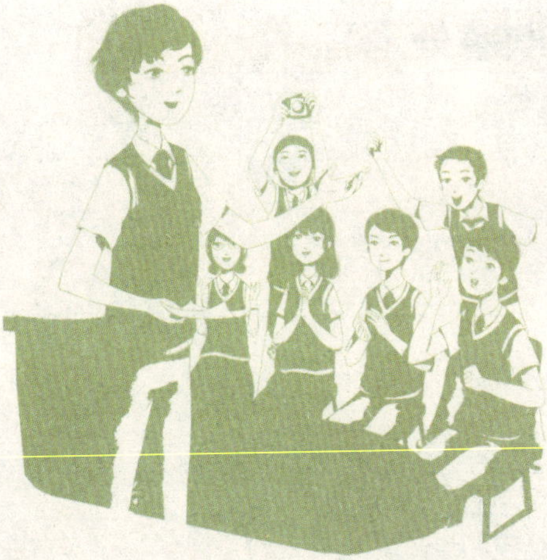

1 认识校园欺凌

如何认定校园欺凌？我们认为认定是否构成校园欺凌，应主要考虑以下四个要素：一是行为发生在学生之间；二是行为人主观上存在故意，即蓄意或恶意欺负其他学生，意在给对方造成伤害后果；三是行为人通过肢体、语言及网络等手段实施欺负或侮辱行为；四是行为人对被欺凌者造成伤害后果。

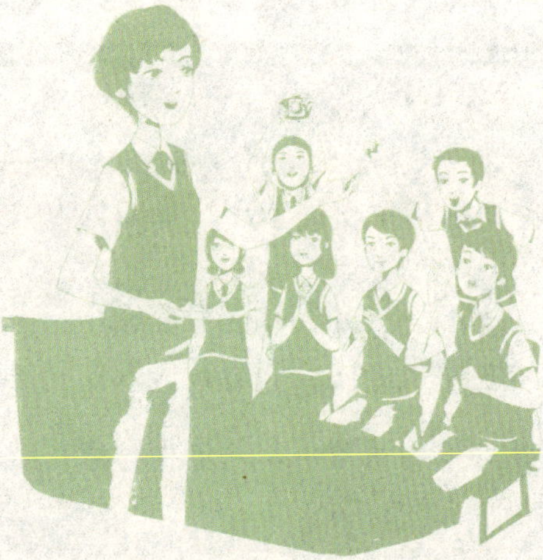

校园欺凌并非个别偶发事件，而是广泛存在于校园以及学生中间。2002年，山东师范大学心理学教授张文新等人对山东省9205名城乡中小学生就校园欺凌现象进行调查，调查结果显示，1371（14.9%）名学生自认为是被欺凌者，227（2.4%）名学生自认为是欺凌者。2014年，广州市海珠区一家社工组织曾对海珠区三所初中学校的初一学生开展调查，在1447名受访者中，有23.7%的学生表示在过去的一个月内曾遭受同学的欺凌，其中有192名同学受到一次以上的欺凌。另据上海政法学院姚建龙教授对全国29个县104825名中小学生的抽样调查发现，校园欺凌发生率高达33.36%，其中经常被欺凌的为4.7%，偶尔被欺凌的为28.66%。

　　校园欺凌不仅广泛存在于中国学生之间，也在世界其他国家存在。可以说，校园欺凌是个全球性问题。根据美国教育部资料显示，2005—2013年，每一学期内，年龄在12～18岁的美国学生受到欺凌的比例在28%～32%；澳大利亚一项由政府支持的反欺凌项目有效性调查研究显示，2013—2015年，大约有15%的学生称曾受到过欺凌；在日本，文部科学省每年都会对全国中小学生的欺凌情况进行常规统计，据2012年9月数据显示，2011年日本全国中小学校掌握的欺凌事件共70231件，平均每1000名学生中就有5件校园欺凌事件。

　　当然，由于不同国家和地区对校园欺凌的界定标准不同，校园欺凌调研的结果也存在很大差异。但可以确定的是，校园欺凌在各个国家广泛存在。作为学校负责人，不能草率地说，我们学校没有校园欺凌。这种盲目和草率的态度往往容易忽视校园欺凌的发生及危害，并容易引发更为严重的恶性案件。

校园欺凌的定义、分类及表现形式

1. 校园欺凌的定义

如何认定校园欺凌？国外一般认为主要有三个要素：一是恃强凌弱，双方在力量上存在差异；二是有重复性，也就是反复实施；三是造成伤害后果。在中国，如何定义校园欺凌？本书更倾向于2016年4月底国务院教育督导办通知中对校园欺凌所做的定义，该通知指出，"发生在学生之间蓄意或恶意通过肢体、语言及网络等手段，实施欺负、侮辱造成伤害的校园欺凌事件，损害了学生身心健康"。

结合国务院教育督导办通知上述规定，我们认为在中国认定是否构成校园欺凌，应主要考虑以下四个要素：其一，校园欺凌指的是学生之间发生的行为；其二，行为人主观上存在故意，即蓄意或恶意欺负其他学生，意在给对方造成伤害后果；其三，行为人通过肢体、语言及网络等手段实施欺负或侮辱行为；其四，行为人对被欺凌者造成伤害后果。就这四个要素来说，主观故意有时很难判断，同学之间通过肢体、语言及网络等手段开的玩笑、实施的恶作剧等行为也可能会给其他同学造成伤害，也就是说，同样的行为和后果，有的可能是校园欺凌，有的可能就是同学之间开玩笑或恶作剧。

与国外对校园欺凌的一般性定义相比，国务院教育督导办通知对校园欺凌的界定更为宽泛，没有将"恃强凌弱"和"行为的重复性"两个要素作为校园欺凌的构成要件。我们认为，这种界定更具备科学性也更符合实践情况。首先，欺凌案件并不必然意味着欺凌者在体力、资源掌握情况等方面强于被欺凌者，当欺凌者给被欺凌者造成一定威慑，使被欺凌者陷入不敢反抗、不能反抗的状态即可构成欺凌。其次，欺凌案件不应当以发生次数或者是否反复实施作为衡量要件，如果一次欺负、侮辱行为符合上述校园欺凌行为的构成要件，我们也应当将其认定为校园欺凌案件。

当然，这种看似宽泛的定义并非旨在将更多的行为划入"校园欺凌"这一行为类别内。一个行为只有在同时符合校园欺凌的各个要件时，才能被认定为校园欺凌行为，并按照校园欺凌的处理程序和机制进行干预。但是对于不符合校园欺凌的普通打闹行为，学校和家长也不能任凭其自主发展，而是应当采取合理措施予以应对，只是没有必要将其上升到"校园欺凌"的高度，避免给当事者双方造成不必要的麻烦和伤害。

2. 校园欺凌的分类及表现形式

校园欺凌可以表现为多种形式，如身体上的殴打、推搡以及语言方面的羞辱等，但是又不仅限于这些，还有一些行为方式可能是学校教师不甚了解或者很难觉察的。我们认为，校园欺凌主要分为以下6种类型。

（1）身体欺凌

身体欺凌一般表现为一个或多个学生对其他学生进行殴打、人身攻击，有明显的恃强凌弱的特点。根据媒体的报道，身体欺凌的表现形式有：拳打脚踢，借助皮带、笤帚、拖把杆等外物抽打，轮番扇耳光、借助拖鞋等外物扇脸、被逼自扇耳光，逼吃屎喝尿、头被踩进粪坑，强迫身体弯曲成90°道歉、下跪磕头、从

胯下爬过，用烟头烫掌心等身体部位，用脚踩、用屁股坐肚子，用绳子等物体捆绑，用笔尖、圆规等尖锐物体刺扎，把袜子塞进嘴里、用嘴叼黑板擦、惩罚吃粉笔末、被逼吞下自行车钥匙，强迫实施"抽烟""头顶泡沫箱""旋转超人"等侮辱性动作，模仿网络游戏暴力动作等。

身体欺凌是最常见的欺凌，身体欺凌并不一定会给身体造成明显伤害。换句话说，并不能以是否造成身体流血受伤甚至达到法律意义上的轻微伤、轻伤标准来衡量是否构成身体欺凌。

（2）语言欺凌

语言欺凌，如辱骂、羞辱、嘲弄、恶意中伤、起侮辱性绰号等。语言欺凌在现实生活中较为常见，那些侮辱性的语言经常给被欺凌者造成很大伤害。

北京青少年法律援助与研究中心曾经接到一个中学生的咨询，他说："在学校里，有个同学每天当众走到我面前，在离我的脸有一厘米时，他会对着我的脸骂道：'你个狗杂种！'然后会跟旁边的一群人一起哈哈大笑，他们边笑边叫'狗杂种！'那人看我没反应，十分得意，他以为我怕他，他还在背后跟每个同学都说了叫我'狗杂种'取乐之类的话！我现在一闭眼耳朵就嗡嗡地响，想到他们嘲笑、侮辱我的表情，我就十分痛苦、生气！"很显然，"狗杂种"这种带有明显侮辱性的话已经给这位中学生造成了严重伤害。

（3）社交欺凌

社交欺凌，通常是指对被欺凌者进行孤立、团体排挤或者集体隔绝。这种欺凌方式不同于前述两种欺凌方式，它是通过操控群体来达到欺凌的目的。例如，学生遭到其他在校学生的排挤，被刻意孤立或者故意被排挤，被拒绝参加集体活动等。有的学生在校期间甚至根本没有朋友。性格内向的女同学以及身体或者智力有障碍的学生容易遇到这种情况。

例如，《中国新闻周刊》在一项有关校园欺凌的调查中采访了一名女生，该女生表示：小学时，班里有一位女生，同学们都认为她很"假"。随后，班上多数女生结成一派将其孤立，比如故意不带她玩等。这种多数学生结在一起将班上其他同学孤立的情况就是一种社交欺凌。

（4）财物欺凌

财物欺凌通常包括对学生进行敲诈勒索、抢劫、抢夺财物、"收保护费"、毁坏或者恶意占用财物等。

在实践中，收保护费的案件最常见，很多校园欺凌案件都是因校园内高年级学生向低年级学生"收保护费"而起，有些学生甚至联合校外人员一起"收保护费"。安徽蚌埠怀远县某小学副班长小J从小学二年级就开始要求同学定期向他交"保护费"，如果不给钱，就要逼他们吃屎喝尿。学生们经常从家里偷拿钱"进贡"给小J，有的孩子从家里一次就拿了4000元钱。数年来，小J从开始的要零食逐步演变成要钱，数次逼迫其他学生吃喝秽物。孩子们在内心深处早已对此默认服从了，尽管小J比班上大多数学生都要矮一些。

根据媒体的报道，财物欺凌还包括以下几种表现形式：以某事威胁索要封口费，变相索要赔偿金，以"车费""辛苦费""孝敬费"等各种名义强行索要费用，交"孝敬费"免受挨打，拍裸照勒索钱财，搜身抢夺手机等。

（5）性欺凌

性欺凌，是指强奸、猥亵被欺凌者，以及据此制作色情图片、视频等资料并进行传播、强迫他人观看色情信息、参与色情表演、强迫他人卖淫等。这类案件也不少见，北京青少年法律援助与研究中心就办理过一起这样的案件：2011年将近一个月的时间内，北京某卫校女生李某带头和该校另外7名女生一起，在学校的宿舍内对同宿舍女生拳打脚踢，命令被欺凌女生脱光衣服对其强制猥亵，并将猥亵过程拍照上传到手机。最后，该案中实施欺凌的同学因强制猥亵妇女罪受到刑事处罚。

根据媒体的报道，性欺凌的表现形式主要有：扒上衣、内衣，裸露下体，强行把脱衣服的过程拍成视频或裸照，用树枝或其他物体侵犯下体，用打火机烧头发和下身，逼吃避孕套，强迫观看色情视频，下春药，甚至强迫卖淫、实施轮奸行为等。

（6）网络欺凌

网络欺凌是指通过手机短信、电子邮件、微信、博客、论坛等媒介散播谣言、中伤他人等攻击行为。随着网络的普及，网络欺凌的形式越来越常见，而且比较隐蔽，教师不容易觉察。网络攻击行为发生的场所和时间往往没有界限，场所可以发生在学校、家中以及一切可以利用网络的地方，时间上可以在上学期间也可以在非校内时间。

网络上持续集中的攻击、谩骂、威胁会对学生造成严重伤害，有的甚至会导致受害学生患上精神疾病或者抑郁症，甚至可能引起自杀等严重后果。广东斗门15岁初中男生小金，因被怀疑在网吧偷拿了同学的打火机，被4名同学强迫裸露下体并将全程拍摄上传网络。小金知道该视频在网上传播后，精神受到严重创伤，常常出现被害妄想等症状。在家人的陪同下，小金选择了报警，但他并未因此好转，之后反而越来越异常冲动和反常，常常做噩梦和哭泣，无故破坏贵重物品，将开水和垃圾倒到床上，无故打骂弟弟等。最终小金被诊断为儿童精神分裂症，从此失学。

网络欺凌常表现为现实欺凌的延续或者是其中的组成部分，比如一些欺凌者将殴打或者拍裸照的视频传播到网络上，供多人观看。漳州市某初一年级女生被朋友从学校带到户外，遭到了总共6名年龄相仿的女生围殴，还被逼拍了裸照。在短短的两个小时内，QQ照片就已经转发了将近300次。上传的图片显示这名女生被人揪着头发，上衣已经被解开，黑色小背心也被拽了下来，还有人在一旁拉扯着她的内裤，这次欺凌事件给这位女生造成了难以磨灭的伤痛。

从已经发生的真实案例来看，上面列举的这些形式通常不是单一出现的，往往是几种方式组合实施，如殴打、谩骂或者强迫、威胁吃屎喝尿，勒索财物等，或先是聚众殴打之后进行猥亵，并将猥亵的视频通过网络上传等。事实上，如果教师仔细观察被欺凌学生的精神以及情绪变化，及时和家长沟通，对于校园欺

欺凌方式	具体表现
身体欺凌	推搡、击打、踢踹、随意拦截、限制人身自由……
语言欺凌	辱骂、羞辱、嘲弄、恶意取笑、恶意中伤、起侮辱性绰号……
社交欺凌	孤立、团体排挤、集体隔绝……
财物欺凌	破坏财物、敲诈金钱或财物、抢劫抢夺财物……
性欺凌	性暗示语言、拍裸照、强奸、猥亵……
网络欺凌	通过手机短信、电子邮件、微信、博客、论坛等媒介散播谣言……

凌，还是能够及时发现并预防的。

除了上述分类方式以外，欺凌还分为直接欺凌和间接欺凌。直接欺凌是指欺凌者行为直接施于被欺凌者的欺凌方式，此类欺凌主要包括直接的身体欺凌和语言欺凌。间接欺凌则是通过某种中介来达到欺凌的目的，可能通过散播谣言、利用人际关系或网络煽动他人恶意对待或将某人排除在群体之外等方式实施。

> **讨论**
>
> 结合上述6种分类，你认为你所在的学校都有哪些具体校园欺凌行为？

欺凌与其他类似行为的区别

如前文所述，同样的行为，有的可能是校园欺凌，有的可能只是同学之间开玩笑或者偶尔吵架，在判断是否是校园欺凌时存在一定的难度。在实际工作中，有的教师误将校园欺凌当成了学生之间的吵架或者玩笑，认为同学闹矛盾或者吵架在所难免。但实际上，欺凌行为与上述情况存在一定的差异。

1. 欺凌与玩笑

区分欺凌和玩笑主要是看欺凌的一方是否存在主观故意以及行为是否对另一方造成伤害。相同的行为方式因学生行为的意图以及对另一方是否造成伤害而存在本质差别。比如同样是"笨蛋"或"猪"的绰号，如果是一名学生恶意取笑另一名学生，且让另一名学生因此而感到沮丧、自卑，则该学生的行为就构成了欺凌；而如果是关系密切的同学之间，此类称呼是大家心照不宣的昵称，并未给对方造成伤害，那就不属于欺凌。

2. 欺凌与冲突

区分欺凌与冲突主要是看双方力量是否均等，一方是否恃强凌弱。欺凌的双方可能会存在力量的不均等性，一方基于自己的优势地位恃强凌弱；而冲突双方

的力量一般会势均力敌，并不存在一方主导控制局面的情况。冲突是双方在意见不能达成一致时可能产生的情况，比如两个学生打架，双方对于打架这一事件的心态大体相同，或者想借此解决问题，或者想借此分出胜负，并不存在一方被另一方持续欺负的情况。2016年4月，浙江嘉兴两名未成年人因争夺女友而发生冲突，后双方纠集人员相约斗殴。该事件有40多名未成年人参与，并导致一人死亡。在这一事件中，双方明显是基于矛盾而出现的冲突，不属于欺凌。

3. 欺凌与暴力

欺凌和暴力的区别主要体现在程度上。根据国际卫生组织的定义，暴力是指蓄意地运用躯体的力量或权力，对自身、他人、群体或社会进行威胁或伤害，造成或极有可能造成损伤、死亡、精神伤害、发育障碍或权益的剥夺。根据该定义，暴力往往采取武力或威胁等比较恶劣的行为方式；而欺凌可以通过暴力方式实施，也可能通过起绰号、嘲笑等比较轻微的行为方式实施。换句话说，暴力更强调的是行为的烈度，而欺凌更侧重强调行为的状态。

4. 欺凌和霸凌

这两个名称之间没有本质差别，只是对同一行为使用了不同的名称而已。在英文中，与欺凌类似的单词是"bully"，在翻译成中文时往往根据发音译为"霸凌"。

但必须看到的是，欺凌与玩笑、冲突、暴力这些概念既存在差异，也存在交叉。有些玩笑、冲突、暴力不属于欺凌，但有些又属于欺凌的具体表现形式，所以要综合具体情况来判断。冲突、暴力与欺凌往往都是违反校规校纪的，学校要及时处理。善意的玩笑属于学生生活的正常组成部分，但恶意的以欺负人为目的的玩笑就是欺凌。学校不要轻易上纲上线，避免将一般玩笑、恶作剧按欺凌来处理，但同时也要重视那些看似玩笑的欺凌行为。

校园欺凌易发的时间和地点

在老师目力所及的范围内，可能会发现欺凌行为，但是在老师观察不到的场合，欺凌行为更容易发生。很多校园欺凌者往往在偏僻场所或者老师不在的时间段内欺负其他学生。以下时间和场所需要特别注意。

1. 应该特别关注的时间

（1）课间及休息时间

这段时间内如果学校管理比较松散，老师值班不到位，有些学生会被带出教室，有的学生甚至趁老师不在，在班上或者宿舍欺负其他同学。

如湖南长沙某中学内，在宿舍同学就寝时，6名女生将两名初二年级女生拖到其他宿舍，这两名女生先后被掌掴、被迫罚站军姿甚至下跪，随后被拉到厕所受到长达3个多小时的"惩罚"。据了解，事发当晚，寝室里还有6名同学，但没有一位同学向老师汇报。

在厕所被"惩罚"的3个多小时里，前后有多名同学来围观，有的甚至还进行嘲笑，自始至终同样无人向老师报告，老师在这么长的时间内也没有发现。

（2）学生乘坐校车期间

有的学校为学生们安排了校车，在把孩子接上车到孩子顺利抵达学校的这段期间内，由于车上往往只有司机，没有维持秩序的老师或者其他成年人在场，一些学生也可能在校车上欺负、侮辱其他学生。

2. 容易发生校园欺凌的场所

（1）厕所、宿舍等一些比较隐蔽或者封闭的场所

比较隐蔽或者封闭的场所不太会被关注，在此间发生的欺凌行为就很难被发现，常常是欺凌者的首选场所。

北京的初中生小董多次被同学沈某等人拽进男厕所殴打，在15岁生日那天，他再次在厕所遭到殴打。当天，小董回到家一进门就哭，裤子都尿湿了，家人问他原因，他一开始还不说。后来，家人带小董去医院，医院诊断为头部外伤、面部软组织损伤，且被打后，小董精神一直不正常，只好住院治疗，医院诊断为创伤后应激障碍症。

在媒体报道的一些欺凌视频中，经常有一群学生将一两个男生（或者女生）围在厕所的一角进行殴打、推搡、辱骂、威胁，有时周围还有一群旁观者。

（2）学校门口及校园周边

学校门口及校园周边常常是学生的聚集地，如果没有把学校门口以及周边的秩序维持好，在环境比较混乱的情况下，就会有一些学生趁乱实施欺凌行为。有的校园欺凌行为同时在校内或者校外多次发生，有的已经在校内发生，但在校外造成了严重伤害后果。2016年4月23日，山西运城的15岁少年张某在网吧被6名同

学殴打长达4小时后死亡。在整整4个小时内，网吧里的同学没有人阻拦，没有人报警，而打死张某的正是在校期间经常殴打他并收取"保护费"的同学。

讨论

结合你所在学校的情况，你认为你们学校最容易发生校园欺凌的时间、地点都有哪些？

关注女孩欺凌

传统上，大家一般认为校园欺凌发生在男生之间，但实际上女生欺凌日益多发。根据腾讯网《今日话题》针对2015年3月到6月媒体报道的欺凌事件所做的分析，在报道的17起事件中，有13起案件是女生欺凌女生的事件。

在2015年发生的中国留学生凌辱同学案件中，美国南加州私立高中的中国学生翟某，组织数十名学生，将学校的另一位中国学生刘某诱骗至公园，并对其进行侮辱、殴打，包括扒光刘某的衣服，用烟头烫她的乳头，用高跟鞋踢她的头部，强迫她吃地上的沙子，剃掉她的头发并让她吃掉。

与男生实施的欺凌行为相比，女生实施的欺凌行为的特点有：

1. 群体性

在女生为欺凌者的时候，较少出现单独一个人实施欺凌的情况。带头的女生常常会以"大姐大"的身份纠集其他同学（包括女生或者男生）对在校学生实施欺凌行为。某中学女生，自从升入初二后与同班一男生成为男女朋友关系，两人均有抽烟、喝酒等不良行为，花费较大。该女生自称"大姐大"，让其同校男友召集一帮小兄弟，对本校的学生多次无故殴打、拦截、索取"保护费"，供其花销。这种行为持续了相当长的时间，后来两人均因一次校园欺凌行为被追究刑事责任。16岁的中专技术学校女生张某经常看同校同学杨某不顺眼，在校期间就经常殴打、威胁杨某。一次，张某纠集本校另外5名女生将杨某拉到一公交站附近

共同对杨某进行殴打，造成杨某左眼结膜出血，左眼眶内侧壁骨折，经法医鉴定为轻伤。后张某和其他5名打人女生因故意伤害罪被追究刑事责任。

2. 隐蔽性

男生更倾向于采取直接的身体攻击或者语言威胁、辱骂、索取"保护费"等行为，女生在很多情况下会采取社交欺凌的方式，例如孤立、团体排斥或者隔绝、限制其融入、长期恶意不让其参加某些活动等。与男生的欺凌方式有所不同，女生的这些欺凌行为可能更不容易被老师及时发现。

> **讨论**
>
> 女孩欺凌与男孩欺凌都有哪些区别？如何预防女孩欺凌？

校园欺凌产生严重危害

校园欺凌不但给被欺凌者的身心健康造成直接伤害，而且给实施欺凌行为的学生、校内其他学生以及学校的教学管理秩序均带来重大影响，有的欺凌者还需要承担相应的法律责任。因此，学校必须将防治校园欺凌放到重中之重的地位。

1. 校园欺凌给被欺凌者造成身体伤害

校园欺凌给被欺凌者带来身体伤害。其中，身体欺凌就是直接对被欺凌者的身体实施的打击。通过此种方式实施的欺凌，可能导致被欺凌者身体受伤，情节严重的甚至导致重伤或死亡。新疆五家渠市某中学初一学生阿明被一名同学索要钱物未果，这名同学随即打电话召集一群初三学生对阿明实施殴打。在殴打过程中，阿明的脑部和腹部等处均遭击打，当时围观的人很多，其中就包括一名学校保安和教师，但均未予以制止。虽然阿明被殴打后并无明显外伤，但他喝水后呕吐不止，双目紧闭，面色煞白，连呼吸都有些困难。经检查，阿明被诊断为肝破裂，需立刻手术，否则将有生命危险。术后，阿明昏迷了3天才苏醒。

此外，被长期欺凌的学生有时会实施自残或自杀行为。2012年5月10日下午，长安镇某小学最后一节课后，五年级八班的男孩贾某从教室内最前面的一扇窗口纵身跳下。因抢救及时，性命虽然得以保住，但其左手造成粉碎性骨折，脾也被切除了1/3。男孩醒来后，对于跳楼的原因这样说道："班上的几个男同学，有事没事下课后就过来打我。""昨天下午，下课后，几个同学又过来欺负

我，我不想再忍了，所以跳楼。"

2. 校园欺凌给欺凌双方带来心理伤害

校园欺凌除了给被欺凌者造成身体伤害以外，还给他们带来不同程度的心理创伤。有的被欺凌者出现器质性的精神疾病，长期不能痊愈，无法继续接受学校教育，由此造成的心理阴影甚至会伴随其一生。

伟伟是一名初一的寄宿学生，学习成绩一直不错。某天晚上熄灯前，小路带着四五个人来到伟伟宿舍，要求伟伟到519宿舍，一进宿舍，小路等人就围上来把伟伟的秋裤脱掉，随即用棍子往伟伟的屁股上打，接下来又有十几个人围成圈不停地在他脸、头、腹部、脚面等多个部位踹打。打完之后，其中一个施暴者提议让伟伟喊每人一声"爷爷"，惊恐未定的伟伟只得按着吩咐去做……这已经是伟伟入学两个月以来第三次挨打。被逼无奈的伟伟给爸爸打电话，说自己在学校再也待不下去了。当日晚，伟伟被送往医院接受检查，医院诊断为"创伤后惊恐障碍"，属于"精神病的一种"，需要长期接受治疗。

在一些校园欺凌中，欺凌者本人也会受到严重的心理伤害。在几名男生强迫一名男同学裸露下体并拍摄上传到网上后，被欺凌者的精神出现了问题，实施欺凌的男生也因为恐惧、自责等出现了不同程度的抑郁、自闭等情况。因为未成年人的心智发展不成熟，欺凌者的心理承受力比较薄弱，他们最后也成为欺凌事件的被欺凌者，这也应该引起我们的注意。

3. 校园欺凌易引发恶性案件

校园欺凌不仅容易给被欺凌者带来严重身心伤害，那些遭受欺凌的学生一旦"奋起反抗"，也会使欺凌者受到严重伤害。2012年，湛江市初二女生陈某在宿舍受到多名同班同学的殴打，被殴打期间，陈某抽出枕头下面的一把水果刀，将其中一名殴打者捅死；2016年12月，山东省的初三学生小磊经常遭受校外人员欺负，某次小磊被逼急，在混乱中掏出刀子捅伤6名帮架同学；2013年7月，北京某技校学生小陈因不堪忍受同学小苏的长期欺凌，在一次遭受欺凌时掏出藏在衣服里的水果刀将小苏刺成重伤。

美国特勤局在2000年开展的一项针对37起校园枪击事件的研究中发现，欺凌是校园枪击事件的一个主要影响因素，超过2/3的案件行为人在实施校园枪击行为之前被其他人骚扰、欺负、威胁、袭击或伤害，且有部分行为人长期受到严重的欺凌和骚扰。

4. 欺凌者本人往往付出代价

在实施欺凌行为的学生中，有的因自身违法行为受到法律惩处，被贴上了"坏学生""犯罪者"的标签，在别人的指指点点中生活；有的因未得到有效干预而一步步走上犯罪道路，大好的青春在监狱里度过，人生轨迹自此发生改变；还有的会在欺凌中受伤，或者成为以暴制暴的牺牲者；有些欺凌行为被曝光后，欺凌者本人以及他的家庭成员遭受社会的谴责，不得不承受很大的心理压力，正

常的学习、生活秩序受到破坏。

5. 给其他学生带来恶性影响以及不良示范

校园欺凌事件频发的学校会让学生缺乏安全感，容易在校园中形成恐慌、紧张的不正常气氛，这些负面信息会进一步影响教职员工的正常工作和学生的学习生活。所以，校园欺凌不仅是几个学生的事情，而是影响全校师生正常学习生活的大事。

图表：校园欺凌的连锁反应

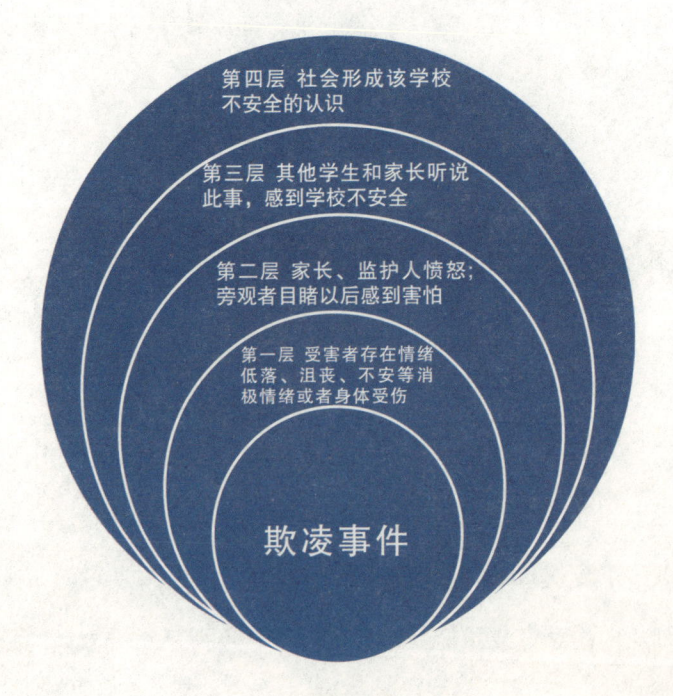

第四层 社会形成该学校不安全的认识

第三层 其他学生和家长听说此事，感到学校不安全

第二层 家长、监护人愤怒；旁观者目睹以后感到害怕

第一层 受害者存在情绪低落、沮丧、不安等消极情绪或者身体受伤

欺凌事件

2 处理校园欺凌的基本原则

在反校园欺凌过程中,学校扮演了十分重要的角色,建议学校在处理校园欺凌案件时遵循以下六个原则:(一)关爱每一位学生,避免标签化;(二)提升学生参与度,不轻易扩大处理;(三)鼓励、支持家长介入,促成矛盾化解;(四)借助专业力量,推动多部门联动;(五)法治教育与德育工作并重,两手都要硬;(六)以及时、妥善为目标,力争有效治理。

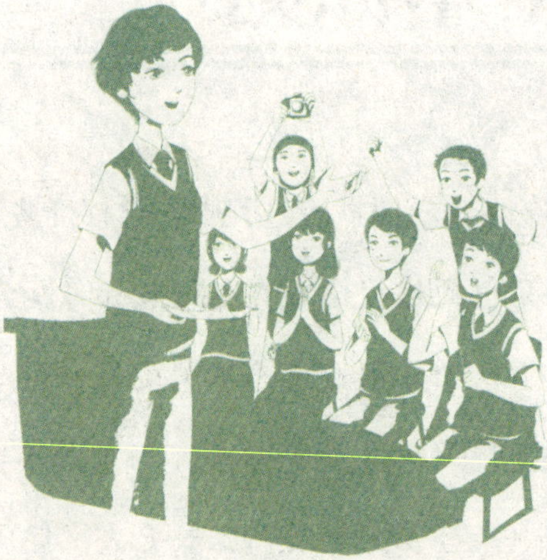

关爱每一位学生，避免标签化

不管是学校的管理者，还是一般的老师，如果只是看到欺凌的外在行为表现，而不了解欺凌背后的原因，采取再多的措施也只能是治标不治本，甚至治标的效果都很难保障。

综合研究发现，校园欺凌往往是多重作用之下的后果，有很多欺凌者自身有不良行为，或者因其父母监管不力，或者因其学习方面有障碍，或者因得不到老师的尊重和帮助而自暴自弃……也有很多被欺凌者因为性格内向沉默、家庭面临困境、外形或者身体存在缺陷等不同原因而遭到其他同学的欺凌。但是，不论是欺凌一方还是被欺凌一方，他们都还是未成年学生，心智尚不成熟，都需要学校和老师的精心呵护和真诚帮助。因此，老师尤其是班主任要关心每一位学生，了解学生的家庭监护情况，要对那些家庭经济困难、学习成绩不好、性格内向敏感、容易叛逆的学生给予特殊关注，必要时为他们申请教育资助或者其他救济，让他们感受到同学之间的平等与尊重。

在与学生交流中，老师要注意自己的言行。有的老师会不自觉地为一些学生贴上"欺凌者"的标签，公开侮辱、批评一些学习成绩不好的学生，这种标签化的管理方式会把这些学生推得越来越远，有可能会酿成更为严重的事件。

重庆13岁的小可因为成绩下滑而被老师放弃，老师还公开叮嘱其他学生不要受其影响，无形中对他造成了伤害。于是小可更加肆无忌惮地混迹网吧、欺凌他人，最终实施了犯罪行为，致使一人死亡，令人心痛。

某种程度上，班主任和授课老师是欺凌者欺凌行为的风向标，老师对于学习成绩差或者调皮捣蛋学生的刻意忽视、隔离、批评往往导致这些学生成为欺凌的目标。欺凌者和潜在的欺凌者往往会选择老师们不喜欢或者经常批评的学生下手，老师的一句话就可能成为他们欺凌、嘲笑其他学生的借口或者由头。因此，老师要从内心平等对待每一位学生，关心他们的学习和生活状态，不拿"有色眼镜"看待学生，用一种更为包容、开放、理性和温暖的方式引导、教育学生。

提升学生参与度，不轻易扩大处理

联合国《儿童权利公约》提出："儿童有权对影响儿童的一切事项自由发表自己的意见，对儿童的意见应按照其年龄和成熟程度给以适当的重视。"我国《未成年人保护法》规定："父母或者其他监护人应当根据未成年人的年龄和智力发展状况，在作出与未成年人权益有关的决定时告知其本人，并听取他们的意见。"在处理学生的问题时，应该鼓励学生参与。学生们每天都学习、生活在一起，同学交往中出现矛盾或者纠纷在所难免，对于一般纠纷或者偶尔的欺凌行为，能够由学生自行解决的，学校和老师应该放手让他们自己解决。如果欺凌双方不能够有效沟通，那么有正义感、有热情、具备矛盾调处能力的学生干部或者其他同学可以以第三方的身份，了解双方发生争执的缘由，结合同学日常相处的行为习惯，在老师的指导下用学生的语言和方式对问题进行处理。老师要重视学生组织在处理一般学生矛盾和一般欺凌行为中的作用。对于一般欺凌行为或学生矛盾，学校的过度干预可能会使问题更复杂、矛盾更激化，因此我们建议学校和老师不要简单地定义校园欺凌，或者通过联系家长、公开批评教育等方式草率地扩大化处理。

当然，受年龄、阅历等方面的影响，未成年学生在处理技巧上会存在一定的局限性，这需要学校和老师进行针对性的引导，要有意识地培养学生处理问题、解决纠纷的能力，给予适当的引导，让学生在这个过程中得到成长。当然，学校和老师要掌握好学生参与的尺度，对于一些比较复杂或者恶性的案件，学校不能推脱到学生身上，要及时坚决地介入处理。

鼓励、支持家长介入，促成矛盾化解

学校要清醒地意识到，对校园欺凌的治理离不开家长的有效配合，家长与学校共同对孩子进行正确教育、引导，会达到事半功倍的效果。在事件发生后，学校要鼓励、支持家长的有效介入，切忌把孩子的简单纠纷扩展为家长的斗争与较量，否则会对孩子造成更加严重的伤害。学校要传达积极信号，引导双方家长进行理性沟通，帮助化解学生之间的矛盾，要与家长做好如下沟通工作：

作为欺凌一方的家长，一旦接到孩子有可能欺凌其他学生的信息以后，一定要高度重视，不能简单地将之视为"开玩笑""没那么严重"，家长的这种心态反而会对欺凌者产生潜移默化的影响，将孩子推向更为严重的境地。有时学生的一些类似开玩笑行为已经对其他学生构成了伤害，此时，家长必须正视这一问题。首先，要给孩子讲明道理，引导孩子反思自己的行为，要带着孩子诚恳地向被欺凌方赔礼道歉，需要承担民事赔偿责任的，还要带着孩子积极赔偿。其次，如果了解到孩子确实存在恶意或者蓄意为之，家长必须监督孩子及时改正。因为哪怕是轻微的欺凌行为，都有可能是不良行为的萌芽。为了避免孩子性格扭曲或者出现违法犯罪等严重后果，家长必须与学校坦诚沟通，跟老师一起矫正孩子的不良行为，帮助孩子形成正确的人生观、价值观。

作为被欺凌学生一方的家长，看到孩子受委屈、挨欺负，确实一下子很难接受，这种心理可以理解。但是为了彻底帮助孩子解决问题，家长的过早介入或者过多干预，未必就会起到好的效果。因此，家长要理性、冷静面对。第一，要与孩子建立共情，向孩子传达一种理解他、支持他并愿意帮助他解决问题的信息，让孩子认为父母是值得信赖的，使孩子愿意向父母敞开心扉。第二，要将孩子的负面情绪进行疏导，让他意识到面对困难和挫折是人生的一堂必修课，与同学发生矛盾、受到同学欺负只是人生路途中的一件小事情，帮助孩子正确看待这种欺凌行为。第三，不过多介入纷争，鼓励孩子自己想办法解决与同学之间的纠纷，让孩子们以一种更为合理、恰当的方式修复同学间的关系。第四，一定要避免将孩子们之间的矛盾转化为大人的纷争，大人要以实际行动教会孩子如何化解矛盾而不是激化矛盾。第五，如果欺凌行为达到较为严重的程度，甚至有可能涉嫌违法犯罪时，被欺凌学生的家长要跟学校保持密切沟通，必要时还要向教育行政部门和司法机关报告，帮助孩子摆脱伤害。

借助专业力量，推动多部门联动

　　治理校园欺凌是一项系统工程，需要全社会的共同努力。九部门意见提到，防止校园暴力应加强部门统筹协调，教育、综治、人民法院、人民检察院、公安、民政、司法、共青团、妇联等部门组织，应成立防治学生欺凌和暴力工作领导小组，形成政府统一领导、相关部门齐抓共管、学校家庭社会三位一体的工作合力。

　　阿佳是一名初一新生，上学几天后就不再愿意去上学，后经了解得知，他在学校被人强迫加入"帮会"，每个星期还要上交"保护费"，不交就要挨打，最后阿佳和很多同学都不敢再去上学了。这些所谓"帮会"有本校高年级学生，但"帮会"的幕后操纵者却是一些社会闲散青年，面对这种情况，学校自身已经难以解决，最后县公安局成立专案组对"帮会"进行处理，并联合教育局一起加强了校园的安保工作，校园内外的环境秩序得到了有效改善，体现了多部门合作的优势。因此，学校要了解各相关部门的职责分工，并主动与他们建立有效的沟通机制，对于自身不能解决的问题要及时寻求协助，使之成为一支可以依靠的专业力量。

法治教育与德育工作并重

习近平总书记在主持中央政治局集体学习时强调，"法律是准绳，任何时候都必须遵循；道德是基石，任何时候都不可忽视"，同时，"必须坚持依法治国和以德治国相结合，使法治和德治在国家治理中相互补充、相互促进、相得益彰"。法治与德治是推动国家治理的两种重要方式，在防治校园欺凌时，法治与德治同样要并重。

德与法，是人格养成时最基本的教育，而中小学时期是人格养成最关键的时期，所以，学校应该让学生懂得道德的边界和法律的底线，让学生们明白要为自己的行为承担责任。一方面，学校要重视对学生的道德教育，将团结友爱、尊重生命、遵守秩序等基本道德理念融入日常教学中，引导学生将其转化成自觉行动，使他们能够心情愉悦地享受校园的学习、生活。另一方面，要帮助学生树立规则意识，严格依照校规校纪进行管理。对于一些屡教不改的有严重不良行为的学生，要按照学校规章制度给予相应的纪律处分，有些已经严重到涉及违法犯罪的行为，要依法转介到司法机关进行处理，不对任何犯罪行为进行包庇。

你认为反校园欺凌还应该遵循哪些原则？

以及时、妥善为目标，力争有效治理

如果学校不能及时、妥善地处理校园欺凌，那么被欺凌者的无助感会逐渐加剧，同时这种情况也助长了欺凌者的气焰，使学生丧失了对学校老师的基本信任，导致更严重或者频繁的欺凌发生，欺凌行为在校园里愈演愈烈。曾经轰动一时的山西张某在网吧被打死一案中，张某在被打身亡之前，他在学校已经被欺凌相当长的一段时间，由于没有及时、妥善地处置，最后欺凌者变本加厉、被欺凌者张某继续生活在恐惧之中，直至最后被打身亡。还有很多类似案件因为没有早发现、早处理，致使有的被欺凌者精神出现了问题，有的跳楼自杀，有的对欺凌者暴力反击酿成了悲剧。曾有媒体对成年后的3位当事人做过专题采访，被欺凌者仍然"活在过去，痛苦且无法挣脱"，欺凌者"真的非常后悔"，选择逃避的旁观者想对当时的自己说："去帮帮他，别那么傻站着！"这些采访都是在欺凌事件20年后进行的，但是这些亲历者能清晰地表达出当时的感受以及现在的痛苦，可见如果不能及时、妥善地处理校园欺凌，给当事者造成的伤痛可能会伴随他们的一生。

因此，在接到学生的报告后，学校和老师，要以及时、妥善为目标，对校园欺凌行为进行处置。所谓"及时"就是要早预防、早发现、早处理，学校和老师从观念到行动上都要高度重视校园欺凌行为，绝不进行任何拖延或者简单地认定为"这只是一个玩笑"，从而错过最佳处置期；所谓"妥善"就是不仅仅对欺凌者进行批评教育，还需要持续投入时间和人力，通过评估、跟踪辅导等方式彻底消除欺凌行为，避免出现反复和恶性循环。

3 反校园欺凌的五个主体

  如何反校园欺凌？校园欺凌都需要谁来解决？反校园欺凌是个系统工程，不仅需要完善制度，更关键的是要反思教育、思考如何构建中国的反校园欺凌制度体系。如何处理人际关系以及解决矛盾纷争是人生的必修课，每个孩子都无法回避。因此，学校、老师和家长及时介入是必要的，但学校、老师和家长又必须为学生的成长留出必要的空间，不能越俎代庖。

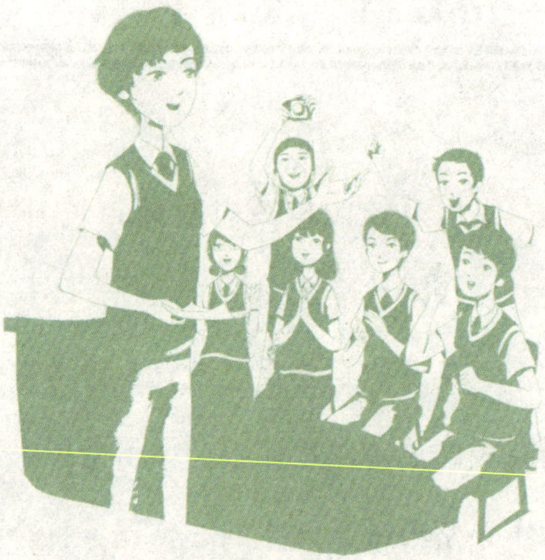

第3章 反校园欺凌的五个主体

如何反校园欺凌？校园欺凌都需要谁来解决？一提到反校园欺凌，大家或许马上会想到学校、教委甚至司法机关；很多人甚至认为反校园欺凌关键是要"严打"，也就是要严惩那些校园欺凌者。但反校园欺凌是个系统工程，不仅需要完善制度，更关键的是要反思教育、思考如何构建中国的反校园欺凌制度体系。

校园欺凌不仅给被欺凌者造成严重的身心伤害，还关系到能否培育一种健康的学生人格与人际关系。所以，治理校园欺凌不仅是需要解决的安全问题，而且是学校教育的必要组成部分。从这一视角出发，我们认为解决校园欺凌问题，不仅要保护未成年人的健康成长，关键还要培养学生积极地处理人际关系和解决矛盾纷争的能力。如何处理人际关系以及解决矛盾纷争是人生的必修课，每个孩子都无法回避。因此，学校、老师和家长的及时介入是必要的，但学校、老师和家长又必须为学生的成长留出必要的空间，不能越俎代庖。所以，我们认为，在反校园欺凌的过程中，按照"绝大多数""大部分""小部分""很小一部分""极小一部分"的比例，由不同主体次第解决：由学生自己解决绝大多数校园欺凌问题，比如占80%左右；需要老师介入的大部分校园欺凌问题，比如占10%左右；学校管理部门解决一小部分校园欺凌问题，比如6%左右；教育行政部门解决很小一部分校园欺凌问题，比如3%左右；司法机关解决极小一部分校园欺凌案件，比如1%左右。

上面所述应该成为我们反校园欺凌的基本目标，但我们所强调的学生解决绝大多数校园欺凌与目前状态有着根本不同。当前，也是由学生自行解决绝大多数校园欺凌问题，但这更主要是一种放任的状态，老师和学校会有所忽略，学生们遭受校园欺凌往往忍气吞声，这种自行解决的方式助长了恃强凌弱的风气，影响了学生的健康成长。未来理想的状态是，选拔一批正直、勇敢、擅于解决问题的学生担任学生干部，由他们引领校园风气，学生之间做到友爱、团结、互相尊重，使绝大多数所谓校园欺凌问题在萌芽状态下解决，那么需要老师解决的越来越少，而需要学校、教委及司法机关解决的更是越来越少。

学生预防和处理校园欺凌

　　一般的校园欺凌问题，要在学生之间自行解决。我们必须承认，从上幼儿园时起，孩子们之间就有了各种各样的小矛盾、小纠纷、小纷争甚至小冲突。学校、老师和家长要放平心态，鼓励孩子们勇敢地面对，尽可能自己解决这些问题。让孩子自己去沟通解决，不仅提高了孩子独立处理事情的能力，也最容易达成谅解。这在某种程度上，就如同夫妻吵架，本来很小的矛盾，即使吵得很厉害，可能过一两天就好了，但是一旦公婆或岳父母介入进来，问题就复杂化了，矛盾也进而升级或激化。因此，同学之间本是一种很亲近的关系，出现分歧或争执，最好是让孩子自己去沟通解决。

　　当然，一般的校园欺凌问题要在学生之间自行解决，这并不意味着学校、老师和家长对校园欺凌无所作为、放任不管。相反，学校和老师在必要时应当给予适当的引导，在学生之间培育一种正气，构建一种弘扬正气、能够解决一般校园欺凌问题的机制。

　　在处理校园欺凌行为时，一些国家会运用同侪合作模式来解决校园欺凌问题。这是一个心理学术语，英文为"peer effect"或者"peer pressure"，它是指个人受到同伴的影响而改变其态度、行为方式等。因为在学校里存在教职员工和学生两个世界，许多轻微的校园欺凌行为不仅难以辨别，而且老师难以及时了解。但一个班级内的学生可以很快了解这种欺凌行为，因而能够更快捷地发现问题和解决问题。如果积极利用同侪群体的力量，让学生群体懂得如何处理欺凌问题，那么一些欺凌问题就能够在学生中间得以解决。从国外学校反馈来看，采取此类方式处理问题使得一定比例的学生间的纠纷得到了永久解决。

同侪合作模式的具体方式包括同伴之间通过指导或者调解解决问题，比如，有些学校安排一位高年级学生，为那些处于被欺凌危险或正在遭受欺凌的学生提供帮助或者结交朋友，给弱势状态的学生以力量。这几年英国为了解决难民儿童的帮助问题也较多地使用了这种同侪合作模式。

理论上，中国具备学生自行解决校园欺凌问题的最好基础。在中国，从小学开始直到大学都建立了体系严密、组织健全的学生组织。不仅每个班有班委会，设有班长、副班长及学习、劳动、文体等委员，在中小学有少先队，在高中及大学都设置有学生会。同时，我国学校设立有建制严密的团组织。

根据少先队章程规定，凡是6周岁到14周岁的少年儿童，愿意参加少先队、愿意遵守队章，向所在学校少先队组织提出申请，经批准就成为队员。从了解的情况来看，这一年龄段的学生基本都能成为少先队员。

少先队组织架构齐全。在学校、社区建立有大队或中队，中队下设小队。小队由5至13人组成，设正副小队长；中队由两个以上的小队组成，成立中队委员会，由7至13人组成；两个以上的中队组成大队委员会，由7至13人组成。小队长、大队委员会都由队员选举产生，半年或一年选举一次。大队和中队委员会可以根据工作需要，设队长、副队长、旗手和学习、劳动、文娱、体育、组织、宣传等委员。

少先队普遍建立有辅导员，根据少先队章程规定，辅导员由共青团选派优秀团员或聘请思想进步、作风正派、知识丰富、热爱少年儿童的教师以及各条战线的先进人物来担任。他们是少先队员亲密的朋友和指导者，帮助中队或大队委员会进行工作，组织活动。

少先队组织的创立者和领导者是共产党，党委托共青团组织直接领导少先队。所以团组织不仅选派或聘请年龄大些的辅导员指导、帮助少先队组织，还要

直接领导少先队组织开展活动。可以说，没有任何一个国家的学校有我们这种组织架构如此齐全的学生组织，这是学生执行解决校园欺凌问题的最好基础。

但遗憾的是，在所曝光的所有校园欺凌案件中，我们都未能发现上述学生组织所发挥的作用。这种局面与学校以及班主任对学生组织的定位有着密切关系，绝大多数学生组织的负责人都是那些成绩优秀、老师喜欢的学生，学校以及班主任并未重视学生组织在解决校园欺凌中的作用。

根据章程规定，少先队组织的目的之一就是维护少年儿童的合法权益，团组织的作用之一就是"同各种危害青少年的现象作斗争，保护和促进青少年的健康成长"。也就是说，只要共青团、少先队、学生会、班委会等学生组织真正有效发挥作用，完全可以解决绝大多数一般校园欺凌问题。

为了更好地发挥学生组织的作用，学校以及班主任老师需要转变观念，在推荐、选拔学生干部时将考察重点从学生学习成绩是否优秀转变为看学生是否正直、勇敢、擅于解决问题。

选任出一批正直、勇敢、擅于解决问题的学生后，建议组织这些学生围绕以下职责开展工作：

1. 带头学习遵守《中小学生守则》；
2. 通过各种内部会议，提升学生干部反校园欺凌的使命感和责任感；
3. 及时规劝、制止不文明的言行，旗帜鲜明地反对、制止各种形式的欺凌、暴力；
4. 组织开展反校园欺凌的演讲、讨论、剧目表演、模拟法庭等各种活动；
5. 帮助那些家庭经济困难、学习成绩不好、性格内向的学生，主动引导、带领他们参加学生活动；
6. 及时调解学生之间的矛盾纠纷；
7. 及时将可能导致严重校园欺凌的情况向老师报告；
8. 帮助那些遭受欺凌伤害的学生，让他们感受到同学的友谊以及学生组织的关心和力量。

我们在与一位小学生交流时，他介绍全班25名学生中，班干部以及少先队的大队委、中队长及中队委、小队长就超过10人。如果这10名学生都正直、勇敢、擅于解决问题，那完全可以主导班上风气，在日常学习生活中解决绝大多数小矛盾、小纠纷甚至一般校园欺凌问题。

当然，从老师的角度来说，要对学生组织解决一般校园欺凌问题给予有效的指导、帮助和支持，确实在学生中间树立起正气、建立起规则、培养好习惯，坚决避免学生干部利用老师的信任和支持去欺凌其他学生。

> **讨论**
>
> 如何发挥学生组织在反校园欺凌中的作用？班委会、学生会、少先队、共青团在反校园欺凌中都应该承担哪些职责？当前学校的学生组织在反校园欺凌中还存在哪些不足？如何改进这些不足？

教师预防和处理校园欺凌

一些老师对于校园欺凌行为缺乏认识，往往把学生之间发生的欺凌行为简单地认为是学生间的"小矛盾""过分的玩笑"而不予干涉；有些老师缺乏处理校园欺凌问题的经验；有些老师完全无视校园欺凌的发生，甚至当校园中一名15岁女孩被众人脱去上衣群殴时，围观老师视而不见，学校校长竟表示"现在人人不都是事不关己、高高挂起吗？"老师的忽视、淡漠甚至放任助长了欺凌者的气焰，往往导致欺凌行为的升级。

教师应该了解欺凌，对班级学生开展反欺凌教育，并对学生的欺凌行为及时处理，以改变学生对欺凌行为的认识和行为方式，从而降低校园欺凌行为的发生。

从国外的一些实际处理经验来看，让教师了解校园欺凌对于降低校园欺凌的发生有重要影响。比如，挪威心理学家欧维斯曾做过一个校园欺凌预防项目，项目要求学校教师，包括学校管理人员、年级主任、心理老师以及其他授课老师参加校园欺凌的课程培训，了解校园欺凌的知识以及处理校园欺凌的技巧。这一项目在挪威14个学校间开展，项目实施5年后的评估结果发现，在接受过项目培训的学校内实施欺凌行为的学生减少了51%。

学校良好、安全的氛围要靠每一位老师尽职尽责地参与。尽管学校要确保有专人负责校园欺凌事件，但是学校的所有教职员工都有责任预防和及时制止、处理校园欺凌行为。

建议所有教职员工在反校园欺凌中履行如下职责：

1. 树立反对校园欺凌的理念；
2. 参加有关校园欺凌的课程或培训，了解校园欺凌行为的知识；

3. 了解对校园欺凌的基本干预和处理措施；
4. 对于发生的校园欺凌行为要积极干预处理。

根据九部门意见的规定，班主任是防治校园欺凌的直接责任人。据此，班主任在反对校园欺凌中有更大的责任，具体职责包括：

1. 了解本班学生的学习、身体、心理和行为等方面的发展状况，转变单纯以成绩衡量学生的理念，尊重、爱护关心学生，发掘培养学生的兴趣和特长
2. 定期与学生家长沟通，了解父母的监护、教育情况以及学生的家庭情况，督促父母为学生创造良好的家庭环境，为学生的健康成长树立榜样；
3. 掌握本班同学之间的关系情况，对于同学之间发生的矛盾及时处理或者引导学生自行处理；
4. 发现学生有不良行为习惯或者行为的，及时和家长沟通，督促家长和老师相互配合共同帮助学生改掉不良行为；
5. 发现学生可能携带管制刀具等危险物时，及时没收并批评教育，不能处理的及时向主管副校长报告；
6. 告知家长学校反欺凌的态度和制度，发现孩子可能有欺凌行为或者受到欺凌伤害时，及时报告；
7. 发现本班学生或者其他班学生因为欺凌行为受到伤害时，及时帮助和救治，联系家长并向校园欺凌协调员或者校长报告。

反校园欺凌不仅是一项应急工作，更是一种教育理念和基本的教育方法，所以需要所有的教职员工都能了解和掌握。

老师们在观念上重视了，在行为上注意了，不仅能够及时指导学生干部处理好学生之间的一般校园欺凌行为，也能及时处理好大部分校园欺凌问题。

学校预防和处理校园欺凌

根据九部门意见第10条的规定，学校要做好防治校园欺凌工作，并把该项工作作为加强平安文明校园建设的重要内容。从国外的一些实际经验来看，各国也都比较重视学校在防治校园欺凌中的作用。例如，根据美国哥伦比亚特区《预防青少年欺凌法案》的规定，学校必须有预防校园欺凌的相关制度；在日本，日本文部科学省要求每个学校定期统计和掌握校园欺凌的数据。学校在预防和处理校园欺凌中应当发挥重要作用。

1. 校长的职责

校长是校园欺凌的第一责任人，负责法治教育的副校长是校园欺凌的直接责任人，校长和主管领导对发生的校园欺凌承担领导责任。具体职责有：

1. 负责牵头制定、落实学校反欺凌的各项制度以及预案；
2. 配备校园反欺凌的工作人员，落实具体职责；
3. 监督、督促学校各个部门以及教职员工履行相应职责；
4. 负责协调和引导学校教师在预防和应对校园欺凌方面有效配合；
5. 定期召开教师会议，了解全校学生总体情况，加强老师之间的沟通，了解是否有欺凌行为的存在；
6. 对本校发生的欺凌行为定期总结教训，完善工作，预防再次发生。

2. 学校反欺凌委员会

建议每个学校都成立反欺凌委员会，委员会的成员可以包括：校长，根据九部门意见的规定，校长是防治校园欺凌的第一责任人，所以校长理应成为反欺凌委员会的主任；主管副校长和兼职法制副校长，根据教育部等政策规定，副校长是预防和处理校园欺凌的直接责任人，应该成为反欺凌委员会的副主任，具体领导这项工作；学校负责德育、安全、法制工作的部门主任；年级组长或年级组长的代表；班主任代表；家长或监护人代表；学生代表；心理老师代表，许多校园欺凌问题都涉及学生的心理问题，在涉及学校反校园欺凌制度时，需要相关的心理辅导和评估，因而需要此类心理专员参与其中；属地管片民警或者司法机关任命的学校法制辅导员。

学校反欺凌委员会原则上成员不要太多，一般控制在12人以内，以保障每个人都有机会参与工作的讨论。反欺凌委员会每个学期至少要组织两次会议，以全面统筹学校的反校园欺凌工作。

学校反欺凌委员会可以履行以下职责：

1. 制定反校园欺凌的各种制度并负责安排全校教职员工的学习，明确每人责任；
2. 分析研究本校反欺凌工作的困难及方法，组织对校园欺凌问题的学习讨论；
3. 对反校园欺凌的工作做出安排部署并负责监督检查；
4. 对学校发生的严重校园欺凌案件进行调查处理；
5. 将严重校园欺凌案件及时向教育行政部门和司法机关报告。

学校应该安排一位专职反欺凌协调员，反欺凌协调员的主要职责可以包括：

1. 推动落实反校园欺凌的各项制度；
2. 接待来自学生、老师、家长等关于校园欺凌案件的报告；
3. 初步调查处理校园欺凌案件；
4. 做好与教育行政部门和司法机关的有效衔接。

> **讨论**
>
> 你所在的学校是否有必要成立反欺凌委员会？如果成立，应该由哪些人组成？具体职责应该包括哪些？如果不成立反欺凌委员会，那么有怎样的机制可以有效预防和处理校园欺凌问题？

教育行政部门预防和处理校园欺凌

　　教育行政部门是政府对教育事业进行组织领导和管理的部门，各地教育行政部门负责领导本地区各级各类学校的教育和教学工作。根据《未成年人保护法》《学生伤害事故处理办法》等规定，教育行政部门未履行相应职责，对学生伤害事故的发生负有责任的，由有关部门对直接负责的主管人员和其他直接责任人员分别给予相应的行政处分；有关责任人的行为触犯刑法的，应当移送司法机关依法追究刑事责任。因此，教育行政部门对于解决校园欺凌也有责任和义务。

　　从一些国家反校园欺凌的预防和治理经验来看，教育行政部门在反校园欺凌中发挥了重要作用。以美国为例，预防和治理校园欺凌的工作在很大程度上由教育行政部门落实。就教育行政部门具体开展的工作来说，在国家层面上，教育部对各州的欺凌信息进行整合，突出表现为专门开设了反校园欺凌政策信息网站。在地方层面上，以美国首都华盛顿所在的州为例，所开展的工作大到宏观的立法小到具体的反欺凌课程内容的材料编写。具体来说，教育行政部门推动制定《预防青少年欺凌法案》；每年发布地区防治校园欺凌报告；开发欺凌预防和干预的培训课程，包括开发需要培训内容的工作指引、培训内容的PPT、调查人员的评估表格等；开发帮助家长了解和发现欺凌的手册。从国外的经验来看，教育行政部门在处理校园欺凌中发挥的作用是非常大的。

　　对我国来说，发挥教育行政部门反校园欺凌的作用往往涉及多个办公室，因此可以在教育行政部门内成立一个专门的反校园欺凌委员会，将有关联的办公室工作人员纳入其中，来共同处理校园欺凌问题。就这种建立委员会处理校园欺凌的方式来看，一些国家也有过此类形式，如美国华盛顿所在的州就在政府层面成

立了预防青少年欺凌委员会来处理校园欺凌问题。

反校园欺凌委员会可以由以下人员组成：教育委员会主任，分管校园欺凌工作的教育委员会副主任，相关教委部门的代表，学校代表，家长代表，法律顾问。

学校反校园欺凌委员会可以履行以下职责：

1. 制定或建议制定有关反欺凌的规章制度；
2. 宣传反校园欺凌的理念和制度；
3. 组织开展对所有学校负责人的培训，将反校园欺凌工作纳入继续教育的内容；
4. 指导并定期了解学校校园欺凌的情况以及所开展的预防和处理工作；
5. 接待关于校园欺凌的投诉，及时调查处理相关投诉；
6. 就校园欺凌案件做好与司法机关的衔接。

教委当前在反校园欺凌工作中还存在哪些不足？教委是否有必要设立反校园欺凌委员会？如果设立，其职责应该包括哪些内容；如果不设立，教委应该设立怎样的机制来预防和处理校园欺凌？

当前全区所有中小学校、幼儿园在反校园欺凌方面的资金预算有多少？都在开展哪些具体项目？如何支持更多有效的反校园欺凌项目的开展？

司法机关预防和处理校园欺凌

在反校园欺凌过程中，遇到一些校园周边环境净化的问题或者涉及犯罪的校园欺凌问题时，单靠学校的力量是无法解决的。例如，2015年深圳发生的一起校园欺凌案件中，深圳一名6年级小学生放学后，在学校后面被一名15岁左右的男孩拦住去路。15岁男孩要求小韩给"保护费"，不给就打。这种情况持续了大约一个学期。每次事发后，这名被欺凌学生都没有告诉家长及老师，依然像往常一样上学。直到有一次，这名小学生因为被索要"保护费"不从而被打成脾脏破裂。事后，学校表示也没有能力对学校后面进行有效的安全管理。此时，解决欺凌行为，需要司法机关的介入或配合。

九部门意见初步规定了公安、检察院、法院三家机关在反校园欺凌及暴力案件中的作用，结合实践，我们认为司法机关应履行的职责包括：

1. 公安机关在预防和处理校园欺凌中的作用

公安机关负有法定的保障公民人身财产安全的责任，为了加强对未成年人人身财产安全的特殊保护，2010年公安部发布了《公安机关维护校园及周边治安秩序八条措施》，结合九部门意见，根据国家的法律法规以及相关政策，公安机关在预防和处理校园欺凌案件中负有以下主要职责：

（1）指派民警担任学校法制副校长或法制辅导员

公安机关应该指派民警到中小学、幼儿园担任法制副校长或法制辅导员，担任该职务的民警每月至少要2次到校参加相关工作。

（2）派员参加学校反欺凌委员会

属地派出所应该指派担任学校法制副校长或法制辅导员的民警或其他管片民警担任学校反欺凌委员会成员，积极参加学校反校园欺凌相关制度的制定，积极指导、配合、帮助学校处理校园欺凌案件。

（3）参加校园法治教育

法制副校长或法制辅导员的主要职责之一是配合学校开展法治教育，其中重点应该是反校园欺凌教育。法制副校长或法制辅导员不仅可以组织开展反欺凌专题教育，还可以针对个别欺凌者和被欺凌者开展教育。

（4）及时制止潜在的严重校园欺凌案件

公安机关接到学校或任何人关于可能发生校园欺凌或正在发生校园欺凌的报告，以及学校要求配合调查学生携带管制刀具等危险品的调查申请后，都应该及时出警，并配合学校开展相关预防和处置活动。

（5）及时调查处理校园欺凌案件

公安机关接到学校或任何人关于校园欺凌案件的报告后，都应该及时开展调查，保存相关证据，及时对案件做出处理。

（6）设置警务室

在治安情况比较复杂、问题较多的学校周围设置警务室或治安岗亭，密切与学校沟通协作。根据需要向学校、幼儿园派驻保安员，负责维护校园安全。

（7）加强对重点时段、路段的防控

加强学生上下学重要时段、学生途经重点路段的巡逻防控和治安盘查，对发现的苗头性、倾向性欺凌和暴力问题，要采取相应防范措施并通知学校和家长，及时干预，震慑犯罪。

（8）严打校外欺凌者

对校外成年人教唆、胁迫、诱骗、利用在校中小学生的违法犯罪行为，必须依法从重惩处，有效遏制学生欺凌和暴力等案件发生。

（9）对严重校园欺凌者，本着教育矫治的原则及时处理

（10）对实施暴力行为的家长进行教育

很多欺凌和暴力行为的实施者本身也是家庭暴力的被欺凌者，对家庭监护的干预也是转变学生行为方式的重要途径。根据《反家庭暴力法》《关于依法处理监护人侵害未成年人权益行为若干问题的意见》的规定，公安机关对于实施暴力的监护人，应当予以批评教育或者出具告诫书，情节严重的，可以给予治安处罚，甚至追究刑事责任。根据《反家庭暴力法》的规定，发现施暴学生存在遭受家庭暴力现象的，学校应当及时向公安机关报告。

2. 检察机关在预防和处理校园欺凌中的作用

一些严重的校园欺凌案件可能需要检察机关的介入。人民检察院是我国的法律监督机关，对于公安机关侦查的案件，人民检察院有权决定是否逮捕、是否提起公诉，同时也要对公安机关、人民法院和监狱、看守所的活动是否合法进行监督。

在未成年人检察领域，我国检察机关开展了大量工作，最高人民检察院出台了《关于进一步加强未成年人刑事检察工作的决定》《人民检察院办理未成年人刑事案件的规定》《检察机关加强未成年人司法保护八项措施》等重要司法解释、司法文件，并于2015年12月正式成立了未成年人检察工作办公室。截至2016年3月，全国共设立独立建制的少年检察机构1027个，专门的少年检察官达到7000余人。在预防和处理校园欺凌案件中，这些少年检察机构、未检办案小组以及专门的少年检察官具有丰富的经验以及较高的专业化水平，可以发挥重要的作用。

（1）指派检察官担任学校法制副校长或法制辅导员

未成年人案件检察官是中小学法制副校长或法制辅导员中的一支重要力量。与前述公安机关的职责类似，担任法制副校长或法制辅导员的检察官也应当积极参加学校反欺凌相关制度的建立和完善，指导、配合、帮助学校处理校园欺凌案件，在学校开展法治教育、反欺凌的专题教育，对具有不良行为或严重不良行为的学生进行一对一的针对性教育。

（2） 对涉嫌犯罪的校园欺凌案件行使批准逮捕、提起公诉、支持公诉的职权

对于实施校园欺凌行为情节严重，已经被公安机关立案侦查的案件，检察院有权决定是否对犯罪嫌疑人进行逮捕；对于公安机关移送审查起诉的案件，有权决定是否提起公诉；对于已经提起公诉的案件，出庭支持公诉。根据《刑事诉讼法》的规定，人民检察院可以根据案件需要，对实施欺凌行为的未成年人的成长经历、犯罪原因、监护教育等情况开展社会调查等工作。

（3） 对公安机关、人民法院处理校园欺凌案件的过程进行司法监督

在校园欺凌案件中，检察院对于公安机关应当立案而不立案侦查的案件，应当要求公安机关说明不立案的理由，认为不立案的理由不能成立的，应当通知公安机关立案；对公安机关侦查阶段的侦查程序是否合法、是否侵害了欺凌者或者被欺凌者的合法权利、是否保护了未成年人的隐私权、是否严格遵守了儿童最大利益的原则等进行监督。

在对人民法院的监督方面，一方面应对刑事案件的审理程序、审判结果等进行监督；另一方面，也应对民事案件审判活动实施监督，发现已经发生法律效力的判决、裁定确有错误的，应当提出抗诉。

（4） 对其他有关单位在校园欺凌的预防与处理方面的问题提出检察建议

所谓检察建议，是人民检察院为促进法律正确实施、促进社会和谐稳定，在履行法律监督职能过程中，结合执法办案，建议有关单位完善制度，加强内部制约、监督，正确实施法律法规，完善社会管理、服务，预防和减少违法犯罪的一种重要方式。在预防与处理校园欺凌行为的过程中，教育行政部门、文化管理部门以及民政部门等机构均具有相应职责。检察机关在办案过程中，如果发现教育行政部门在对校园欺凌行为的预防和处理方面存在制度不完善、没有正确落实法律法规的情形，发现文化管理部门在消除暴力文化、实施媒体和网络监管、监管传播淫秽暴力信息等方面存在不积极履行职责的行为等情形，可以根据法律的规定，向相关单位发出检察建议，行使检察监督的职权。

（5）对侵害未成年人权益或渎职的职务犯罪进行查处

2015年5月，最高人民检察院发布了《检察机关加强未成年人司法保护八项措施》，明确要求，"加大对侵害未成年人权益、怠于落实未成年人保护制度方面职务犯罪的查处力度……对国家工作人员发现或者应当发现未成年人权益受到侵害或可能受到侵害，应当采取措施而未采取措施，导致未成年人重伤或者死亡等严重后果的，应当依法及时查办，保证国家对未成年人保护的法律规定、福利政策落实到位。"在校园欺凌的预防与处理方面，如果检察机关发现国家工作人员怠于履行相关职责，可以依据职权对构成职务犯罪的行为进行查处。

3. 人民法院在预防和处理校园欺凌中的作用

人民法院是我国的审判机关，发生校园欺凌事件后，当事方可能提起民事诉讼或者由检察机关提起公诉，案件由人民法院进行审理。自1984年上海市长宁区法院设置我国第一个少年法庭以来，少年司法已经发展了30多年，最高人民法院已经召开了

6次全国少年法庭工作会议，并于2010年发布了《关于进一步加强少年法庭工作的意见》。我国目前约有2400个少年法庭，在审理未成年人犯罪、涉未成年人的民事案件方面具有丰富的经验。少年法庭的法官们也活跃在未成年人犯罪预防的各项工作中，在处理校园欺凌案件方面，人民法院的法官应当发挥更加重要的作用。

（1）指派法官担任学校法制副校长或法制辅导员

与公安机关、人民检察院一样，人民法院也应当指派法官担任中小学法制副校长或法制辅导员，参与学校的管理，开展法治教育，协助学校处理校园欺凌案件。法院可以利用自身优势，通过司法观摩、模拟法庭等开展多种形式的法治教育，进行针对性的反欺凌教育。

（2）对构成犯罪的校园欺凌案件进行刑事审判

对于检察院提起公诉的案件，人民法院依法进行审理。人民法院在办理未成年人案件的过程中，应当由熟悉未成年人身心特点的审判人员承办，保障未成年人行使其诉讼权利，保障未成年人得到法律帮助。法院在对构成犯罪的未成年人依法追究刑事责任的同时，也需要遵循教育、感化、挽救的方针，坚持教育为主、惩罚为辅的原则，对实施欺凌的未成年人予以教育，帮助其顺利回归社会。

（3）受理被欺凌者提起的民事诉讼，依法支持其民事赔偿请求

欺凌者造成了他人人身及财产的损失，应当依法承担民事赔偿责任。人民法院应当依法受理被欺凌者提出的民事诉讼，并根据我国《民法通则》《侵权责任法》《最高人民法院关于审理人身损害赔偿案件适用法律若干问题的解释》等法律和司

法解释的规定，对请求事项进行审查，对于合理的赔偿请求，依法予以支持。

（4）向学校、教育部门等单位提出司法建议

司法建议是指人民法院在审判工作中，以预防纠纷和犯罪的发生为目的，针对案件中有关单位和管理部门在制度上、工作上所存在的问题，建议他们健全规章制度，堵塞漏洞，进行科学管理，提出改进和完善管理工作的建议。在审理校园欺凌案件的同时，法院发现学校在反欺凌方面的制度设计不完善、案件处理工作中存在疏漏，以及发现教育行政部门处理不力、怠于履行职责的，应当发出司法建议，建议相关单位完善制度，改进工作。

> 公安机关、检察机关、法院在预防和处理校园欺凌案件中分别可以发挥怎样的作用？你所在的学校是否与上述司法机关就校园欺凌问题建立了共建机制？你所在的学校是否有法制副校长或法制辅导员？他（她）们的作用发挥的怎么样？如何进一步发挥专业司法人员在你所在学校预防和处理校园欺凌进程中的作用？

4 对校园欺凌的预防

校园欺凌行为在全世界范围内普遍存在，它给学生以及学校带来的影响是深远的。综合相关研究，我们认为，学校应加强对校园欺凌的预防工作，并从日常教育、课外巡查、门卫管理、危险物品管理、同家长有效沟通机制的建立、各部门联席协作这六方面完善相关工作机制，以有效治理校园欺凌行为，为全校师生创造一个良好的环境。

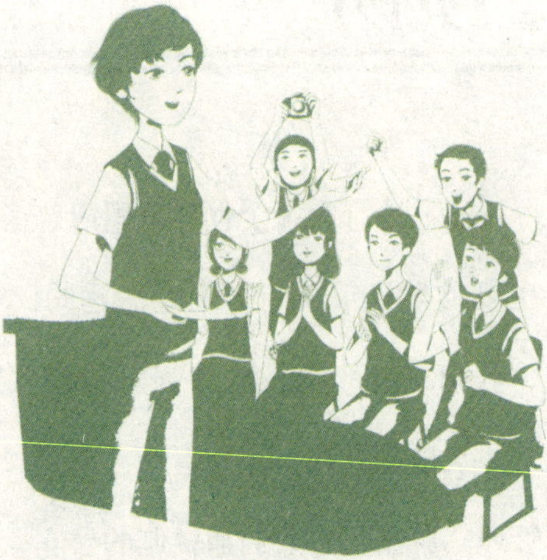

日常教育辅导和宣传制度

实践中大量学生对于校园欺凌可能引发的后果缺乏清晰认识，暴露了学校在法治、安全教育方面存在的不足。曾有某中学的3名男生围殴本校同学，事后这3名学生继续到学校上学，后被学校保安找到。其中一名男生被拦住后说："不就是打了他吗？让我爸给他掏住院费！"然而，当3人得知被打学生因伤势过重死亡时，顿时吓得脸色苍白。

相信很多学生在实施欺凌行为之前没有想到可能产生的后果，事发之后知道需要承担责任时，被吓得"脸色苍白"的应该也不在少数。如果学校注重对学生的法治、人权、生命、平等以及品德等方面的教育，培养学生尊重他人与友爱待人的良好处世态度，帮助他们建立正确的人生观，可能很多欺凌行为就不会发生。当然，除了法治教育之外，学校还应该为学生开设安全自护教育和心理健康教育课程，这对于正处在成长发育期的学生十分必要，可以帮助他们形成基本的是非观和价值观，使他们能够更加理智冷静地看待和处理自己生活与学习中的问题。

1. 开展法治教育

推进法治教育进课堂。在当前依法治国的大背景下，着力提升学生的法治素养已经成为当前学校教育的一项重要任务。十八届四中全会提出"把法治教育纳入国民教育体系，从青少年抓起，在中小学校设立法治课程"，《中小学法制教育指导纲要》《青少年法治教育大纲》比较具体地规定了中小学生应当掌握的法

律知识。九部门意见明确提出要"让学生知晓基本的法律边界和行为底线，消除未成年人违法犯罪不需要承担任何责任的错误认识"。上述这些政策文件都对学校开展法治教育提出了具体要求，学校应结合本校实际开展相关法治教育，帮助学生养成遵规守法的良好行为习惯。

充分发挥法制副校长的作用。现在，很多学校都已经聘请了法制副校长，这些法制副校长有从事未成年人保护工作的律师、少年法庭的法官、办理未成年人案件的检察官、办理未成年人案件的警察、负责未成年犯管教所以及劳动教养所未成年人教育改造的人员等，他们具有一定的未成年人保护相关经验，可以结合实际工作开展针对性的法治教育，同时也会邀请学生到少年法庭、未成年犯管教所等地现场参观，通过生动、真实的案例告诉学生们需要了解的法律知识。

加快培养学校法治教育课教师。法治教师的培养是当前所有中小学校薄弱的环节之一。法制副校长毕竟只是兼职身份，每年进校开展法治教育的次数和时间都具有一定的局限性，可能很难满足学校需求。从另一方面来看，学校老师对学生情况比较了解，知道如何跟学生打交道，更方便为学生开设常态化的法治教育课程。但是普通教师没有法律专业背景，缺乏相关法律知识，在法律知识储备上存在一定不足。因此，为了使法治教育工作更加符合学生身心特点，让他们听得进、理解明白，学校要着力培养自己的法治教师力量。学校法治教师可以请少先队辅导员、德育老师或者对法律感兴趣的其他年轻教师担任，由专门机构或者专家对这些教师开展集中专题法律培训，这些老师仅需要了解与未成年人保护相关的基本法律知识，然后结合学校实际和学生特点，以学生们感兴趣或者吸引他们的方式将法律问题讲述出来，更易于他们理解和接受。当然，对学校法治教师的培训需要教育行政部门在人员配备、专家资源、资金支持等方面发挥统筹协调作用，以将这项工作落到实处。

2. 开展校园欺凌专题教育和安全自护教育

国务院教育督导办通知和九部门意见里，均要求学校开展以校园欺凌预防和治理为主题的法治教育。对此，学校要表明严厉禁止校园欺凌的态度，通过主题讨论、专题讲座、集中宣传、影视播放、案例研讨等方式，让学生们明确欺凌行为可能引发的后果以及需要承担的责任，让欺凌者悬崖勒马、停止欺凌，让潜在的欺凌者望而却步，给被欺凌者和潜在的被欺凌者传达积极信号，教育他们如何更好地保护自己。如果学校老师或者普通法治教师认为自己不能胜任，那么可以邀请处理过校园欺凌案件的法官、检察官、警察或律师到校进行专业讲解，使学生们对校园欺凌有一个更为全面、深刻的认识。

同时，为了将欺凌造成的伤害降到最低，学校应当培养学生的自护技能，引导学生冷静处理欺凌行为。要让学生明白以下基本的安全自护知识：

第一，友好沟通永远是解决矛盾纠纷的最好方法。在与同学的日常交往中，要宽容其他同学的不足甚至冒犯，出现问题时要与同学友好沟通，避免发生冲突。

第二，保持镇定，懂得求助。在遇到欺凌时，可以通过有策略的谈话和借助环境来使自己摆脱困境，及时向周围的人求助。

第三，人身安全永远是第一位。面对欺凌的时候，要把自身安全放在第一位，必要时放弃财物以保障自身安全。在面对比自己强大的对方或者一群人时，不妨先口头答应欺凌者的要求，事后立即寻求帮助。

第四，及时向学校报告。将受欺凌的情况及时向主管校长、反欺凌联络员或者班主任报告，请他们介入对问题进行处理。

第五，向家长寻求帮助。如实向家长讲述受欺凌的经过，认真听取家长的意见。为了避免遭受报复，可以要求家长接送上下学。

当然，除了上述基本安全自护知识以外，学校认为必要时，也可以邀请公安部门等具有专门知识的人员为学生传授自护知识和技能。

3. 将心理健康课纳入课程安排

2016年3月27日深夜，四川师范大学大一男生芦某在宿舍楼学习室内被其室友滕某杀害。事后人们了解到，滕某曾患精神抑郁症，两度自杀，最长休学一个月。虽然滕某的案例是极端事件，但实施侵害行为的学生有严重的心理和精神问题，足以提醒我们加强心理健康教育的重要性。还有一些欺凌者出现欺凌行为是其心理问题的外在反映，有的是报复心理比较强，有的则仅仅是想引起老师或者同学的注意，有的是不能正确看待和处理同学之间的纠纷，有的是在心理出现问题时没有得到及时纠正而愈演愈烈……这些问题都应该引起学校的注意，要通过开设心理健康课程引导学生正确处理人际关系，及时掐灭校园欺凌的苗头。当然，对于被欺凌者和潜在的被欺凌者来说，心理康复更是不可少的重要一步，需要学校及时进行心理疏导。

学校可以根据不同年级学生的特点采取有针对性的教育方式，心理健康课程可以包括以下内容：

第一，珍爱生命的教育。学校心理健康课可以通过各种形式教育未成年学生生命来之不易，应珍爱生命和健康，不实施伤害他人生命和健康的行为，也不要自残身体或者自虐。

第二，情绪控制教育。心理健康课应当教会学生如何正确地表达情绪、合理宣泄情绪以及有效控制情绪和行为冲动，帮助学生建立正确的情绪疏导方式，避免由于情绪和行为冲动而实施伤害他人的行为。

第三，处理人际关系的教育。针对未成年学生不能恰当与同学相处而实施暴力伤害的问题，心理健康课可以结合角色扮演、行为矫正、情景模拟以及互动讨论等方式，使学生感受到和谐、宽松和宽容的氛围，使有暴力倾向的孩子减少攻击性，帮助他们积极有效地解决同学之间的矛盾。

第四，心理引导。针对一部分学生存在过度忌妒、猜疑、心胸狭窄以及报复等不健康的心理状态，心理健康课可以通过情绪宣泄、正确引导等方式消除学生可能存在的不健康心理，培养他们正确的心理意识和行为习惯。

第五，挫折教育。帮助学生建立独立坚强、自尊自爱的良好品格，既不向别人卑躬屈膝，也不允许别人歧视、侮辱。培养学生在面对挫折时，既不胆小怕事又不情绪过激，同时引导学生不断提升独立思考和解决问题的能力。

4. 开展有针对性的思想道德教育

学校是学生思想道德教育的主阵地，加强中小学生思想道德教育，是学校工作永恒的主题。学校要明确教育重点，通过思想道德教育，给学生规定一些比法律规则更高一些的规则来教育并规范学生的行动。对此，《中小学生守则（2015年修订）》、九部门意见等均有具体规定。

在新时期，学校要遵循教育规律，对学生开展针对性的思想道德教育，在教育引导学生遵守诚实守信、尊老爱幼等中华传统美德的基础上，还要向学生强调两点内容：一是教育学生团结友善、自觉礼让排队、不攀比吃喝穿戴和不恃强凌弱等，要将这些基本的道德情操和行为习惯讲给学生们，为建立和谐的同学关系、校园氛围创造条件；二是着重培养学生的同理心。实践中的很多校园欺凌就是由于学生缺乏同理心而发生的，因此，学校要教育学生懂得将心比心、换位思考，引导学生站在另一方的角度和位置来理解对方的内心感受，不苛求别人。

常规课外巡查制度

某小学一名四年级女生小华，长期逼迫同班3名女生小洁、小丽、小玉跪在学校厕所门口，从午餐后（约12时30分）一直跪到上课时间下午2点，稍有不从便拳打脚踢。因为这个时间段是非上课时间，没有引起老师的注意，3名女生也因害怕不敢告诉老师和家长，竟受逼迫3年之久。

在广东某县中学，该校学生联合社会青年一起威胁学生，强迫女生加入"蝴蝶帮"、强迫男生加入"龙江帮"，每个星期要交15元钱"保护费"，不交就要挨打。在遭受类似胁迫和恐吓后，已有91名学生不敢上学。据了解，由于学校部分院墙没有加高，巡逻不及时，导致社会青年翻墙进入宿舍，区扰乱了正常的教学秩序。

上面两个案件均具有一定典型性，第一起案件的欺凌行为发生在午餐后到下午上课这一时间段，老师容易放松管理，学生自由活动也比较集中，所以这段时间内欺凌容易发生。第二起案件中，学校的安全管理存在一定的漏洞，使一些社会青年有了可乘之机，带坏了学校风气，使很多无辜的学生受到欺凌。因此，为了有效预防校园欺凌行为的发生，学校应当建立常规课外巡查制度，在容易发生欺凌的时间和场所加强巡逻，织密学校的防护网，从根本上杜绝欺凌案件的发生。被安排值班或者巡查的教职员工要尽职尽责、不留死角，因为稍有疏忽或者值班巡查不到位，欺凌就可能在疏忽的那一小段时间或者场所内发生。

1. 值班时间

第一，课间休息时间以及学生自由活动时间。在课间休息以及早、午饭后到

上课时间的时间段内，老师和学生的活动都比较自由，有些学生认为老师不会关注自己，便于实施欺凌行为。

第二，课间操、升旗等集体活动时间。在做课间操、升国旗、学生从教室走到操场和从操场回到教室这段期间，全校学生集中在一起参加活动，人多混乱，容易发生纠纷。

第三，自习课时间。很多学生将这段时间看成自由活动时间，如果老师不到场或者监管不力的话，有些学生会容易为所欲为。

第四，上学、放学时间。在学生离开教室到出校门口这段时间，人比较多，属于发生纠纷和校园欺凌的高发时间段，有些学校专门请当地派出所民警和志愿者在校门口及周边维持秩序。

第五，课后时间。在寄宿制学校，学生们几乎24小时都在学校，这对老师的管理义务要求比较高，而且从发生的大量真实案件来看，寄宿制学校发生欺凌的概率也比较大。因此，学校应该在全天课程结束后安排老师在校园内巡视检查。另外，在周末以及假期内，如果仍有部分学生未离校的，学校也应当安排老师到岗值班巡查。

2. 巡查地点

第一，教学楼等教学场地。包括楼梯拐角以及不轻易被注意的教学楼内的偏僻场所，都应该成为老师巡查的重要场所。

第二，学校门口。学校门口内外需要有人专门维持秩序，除了保卫人员外，各班的安全负责人、年级组长也应当到位。

第三，学生宿舍。对寄宿制学校的宿舍要定时定点巡查，因为一次巡查往往很难发现问题。除了学生居住的宿舍外，对宿舍楼内的厕所、洗浴室以及自由活动空间也要开展巡查。

第四，操场以及公共设施和场所。有的老师认为在上课时间，学生应当都在教室上课，但实际上并非如此，在一些欺凌案件中，欺凌者往往在上课期间把被欺凌者叫到操场或者其他公共场所实施欺凌行为。在这些场所，学校应该进行巡查，密切关注学生的活动。

第五，学校的偏僻角落。有些学校会有一些比较偏僻的角落或者灯光照射不到的地方，有些欺凌者会利用这些安全死角实施欺凌行为，对此，学校要加强巡查和安全管理。

门卫管理制度

有些欺凌行为和敲诈勒索事件就发生在校门口或者学校附近，如果没有健全的门卫值班制度，校内学生和社会人员就有可能利用校门口的混乱借机欺凌，还有一些案件是校内学生明目张胆地招呼校外人员进入校内，或者公然将学生强行带离学校实施欺凌，造成了恶劣的社会影响，这都说明学校的安保管理制度存在严重缺陷。

因此，学校应该建立规范的门卫管理制度，严禁无关校外人员出入学校，以更好地维持校园秩序，保障学生安全。门卫管理制度要做到：

第一，聘任符合条件的门卫人员。门卫人员应当至少符合以下两个条件：身心健康，无精神病史，具备相应的体能标准；具有良好道德品质，没有受过刑事处罚。当然，学校最好到经公安部门批准的保安公司聘请门卫人员。

第二，建立校外人员入校的登记或者验证制度。严禁无关人员和校外机动车未经许可进入校园，禁止将非教学用易燃易爆物品、有毒物品、动物和管制器具等危险物品带入校园。

第三，维护校园门口安全。发现学生聚集门口有可能发生欺凌事件时要及时制止，并报告主管校长。

第四，关注校园周边环境。密切关注校园周边环境，一旦发现异常立即进行处置。如果发现学生在校园门口以及周边附近遭受欺凌时，要及时予以制止，并立即帮助受伤学生获得救治。

危险物品管理制度

云南昭通市某中学初二学生小陆，因为与同年级同学小耿发生口角，竟然在校内拔刀砍伤小耿，之后离校潜逃，后小耿因抢救无效不幸身亡。两个中学生之间会有什么深仇大恨呢？据小耿家长介绍，当晚下晚自习后，小陆将小耿约到学校操场上，向小耿索要50元的"保护费"，但遭到小耿拒绝，恼羞成怒的小陆拔出随身携带的管制刀具砍向小耿，最终酿成惨剧。刀具属于危险物品，但是仍然被小陆带进学校，发生这样的惨案与学校放松对危险物品的管理具有直接关系。

2016年6月发布的《最高人民法院关于校园暴力案件的调研报告》对2013—2015年各级法院审结的100件校园暴力刑事案件进行了梳理，发现校园暴力案件中持刀具（包括弹簧刀、水果刀、猎刀等）作案的占49%。也就是说，持有并使用危险刀具的案件占将近一半的比例。被携带进入学校的危险物品对学生人身安全带来巨大隐患，其中最为普遍的就是刀具。在现实中，学生随身携带刀具等危险物品，有的是带着伤害他人的目的，有的仅仅打算用来防身，但是无论出于何种目的，在学生之间发生争吵时，如果某个学生身上有刀，则此刀将助长其暴力倾向，容易引发暴力事件并造成严重伤害事故。因此，学校必须建立危险物品管理制度，严厉禁止学生随身携带刀具等危险物品，一经查处，要对学生进行深刻教育。

第一，学校要不定期组织全校范围内的安全检查，重点检查是否存在危险物品。需要重点检查的危险物品包括：雷管、炸药等爆炸物品以及其他易燃易爆物品；有毒有害物品；枪支、管制刀具以及匕首、三棱刀、弹簧刀（跳刀）及其他相类似的单刃、双刃、三棱尖刀等管制刀具；其他容易造成伤害的物品，包括普

通刀具、钉子、不明药品、注射器针头等。

第二，重点检查的范围包括学生宿舍和教室。学生宿舍和教室是学生活动较多的场地，而且这两处场所相对更容易藏匿物品，因此要重点检查学生宿舍和教室。

第三，检查过程中要尽量尊重学生隐私。在学校安全与学生隐私权之间，可能会存在一定矛盾。需要特别注意的是，安全检查不是强制搜查，学校不能采取强制的形式，如果出于安全需要必须查看，可以请家长予以配合。

第四，重点管教那些可能携带危险物品的学生。老师发现一些学生可能携带危险物品时，应当进行重点教育，向他们讲解危险物品可能导致的危害后果，促使其主动交出危险物品。

第五，必要时请公安部门和家长协助。如果老师有充足的理由认为一些学生带有禁止携带的危险物品，但是学生拒绝检查的，老师可以联系公安机关协助教育、检查并通知该学生的监护人到场。

与家长的联系合作制度

在遭遇欺凌行为后，很多被欺凌者不愿意跟老师和家长反映，在他们看来，告诉老师和家长不但不能帮助他们摆脱困境，反而会遭到欺凌者"爱打小报告"的讥讽或者更为严重的报复。但是，从欺凌者和被欺凌者的角度来说，解决校园欺凌需要学校和家长密切配合，既不能将欺凌无限放大也不要无原则地粉饰，这对学校和家长来说都是一种智慧的考验。学校可以与家长进行以下合作：

第一，了解学生家庭情况并重点关注特殊家庭。学校要确保与家长的沟通渠道畅通，并了解学生的家庭情况和监护问题。对于那些需要特别关注的学习成绩不好、性格内向沉默、家庭经济困难或者父母不在身边的学生，学校要与家长保持密切沟通，督促父母为学生创造良好的家庭环境，保障学生的健康成长。

第二，帮助家长提升识别校园欺凌的能力。学校要通过家访、家长会、家长学校、家长课堂等方式，不断提升家长识别校园欺凌的能力，既不对校园欺凌做扩大理解又不仅仅认为是"同学之间开的玩笑"，从而引导家长成为化解学生纠纷的一支积极力量。

第三，与家长共同矫治学生的不良行为。学校老师发现学生有不良行为习惯或者行为的，要及时和家长沟通，双方相互配合共同帮助学生改掉不良行为。向家长明确告知学校反欺凌的态度，请家长积极配合学校实施安全保障措施。在调查处理校园欺凌事件以及对学生作出处分时，要及时通知家长并告知必要信息。

第四，共同为被欺凌学生提供保护。在被欺凌的学生受到伤害时，要与家长共同保护被欺凌学生，使之免遭进一步伤害。必要时，帮助家长为被欺凌学生申请心理辅导和社工心理资源等。

与相关部门、专业人员联席协作

虽然欺凌行为发生在学生之间，但是其产生的原因是多方面的，学生的家庭环境、成长经历、社会关系以及一些网络影视作品等都会对欺凌行为产生影响。因此，当学校不能凭一己之力解决校园欺凌时，必须认识到联席协作制度的重要性，要及时与政府相关部门以及司法机关保持沟通，通过外部力量及时、妥善地解决校园欺凌问题，以免产生更为严重的伤害。

1. 与政府相关部门的沟通与联络

孩子是祖国的希望和未来，在关乎学生的教育问题时，学校要与相关部门形成工作合力，共同开展对校园欺凌行为的专项治理。

（1）与民政部门的联系制度

根据国务院《社会救助暂行办法》的规定，国家对共同生活的家庭成员人均收入低于当地最低生活保障标准，且符合当地最低生活保障家庭财产状况规定的家庭，给予最低生活保障。对于未满16周岁的未成年人，国家应给予特困人员供养，内容包括提供基本生活条件、提供疾病治疗等。同时，被纳入最低生活保障的家庭成员、特困人员，可以申请医疗、教育、住房等方面的救助。

在现实中，一些经济困难学生会成为欺凌行为的实施者，也可能会成为被欺凌者。对于这部分学生，学校要予以重点教育帮扶，按照有关规定给予教育资助和特别关怀。当发现学生需要给予社会救助的，学校要及时联系民政部门对学生进行救助。

（2）与文化管理部门的合作机制

根据《未成年人保护法》的规定，国家鼓励新闻、出版、信息产业、广播、电影、电视、文艺等单位和作家、艺术家、科学家以及其他公民，创作或者提供有利于未成年人健康成长的作品。

禁止任何组织、个人制作或者向未成年人出售、出租或者以其他方式传播淫秽、暴力、凶杀、恐怖、赌博等毒害未成年人的图书、报刊、音像制品、电子出版物以及网络信息等。文化管理部门应当密切关注与未成年人相关的文化产品，发现向未成年人传播淫秽、暴力、凶杀、恐怖、赌博等产品的应当及时予以取缔并进行处罚。

九部门意见也明确提出要求，国家新闻出版广电总局、国家互联网信息办公室等应当对媒体及互联网进行监管，进一步加强对学生保护工作的正面宣传引导，防止媒体过度渲染报道事件细节，避免学生欺凌和暴力通过网络新媒体扩散演变为网络欺凌，消除暴力文化通过不良出版物、影视节目、网络游戏侵蚀、影响学生的心理和行为，引发连锁性事件。

因此，当学校发现任何组织、个人制作或者向未成年人出售、出租或者以其他方式传播淫秽、暴力、凶杀、恐怖、赌博等毒害未成年人的图书、报刊、音像制品、电子出版物以及网络信息的，要及时向公安机关、文化管理部门报告，防止这些负面信息进一步扩散。

（3）与妇联、共青团等群团组织的联系

各级妇联与共青团都属于群众组织，他们都已经在各自系统内推动建立了12338维权热线、12355青少年服务台等，并联系了一大批专业社会工作者、公益律师、志愿者开展有针对性的自护教育、心理辅导和法律咨询，为有效维护妇女儿童权益做了很多积极努力。学校应该整合这些社会资源，在发现家长监护行为不当或者学生出现不良行为需要外界进行干预和矫正时，可以与当地妇联和共青团建立联系，对这些家庭和孩子进行教育指导。

2. 与公检法部门的联系协作

对于一些严重的欺凌行为和治安问题，学校往往很难单靠自身力量予以解决。某中学初一年级学生小乐被学校的几个"小混混"威胁交"保护费"，小乐不同意，这些人就把他拉到角落狠揍了一顿，小乐非常害怕。后来，该市巡警大队在所在辖区的中小学校设置了校园便衣，民警随时和学校保持联系，一旦发现异常情况就采取相应措施，校园环境有了很大改观，体现了这种联动合作的工作优势。

在预防和打击犯罪方面，公检法机关具有强大的震慑力，他们出面教育或者解决的效果可能会更好。当学校的教育和处分不足以矫正学生的不良行为或者有些学生确实涉嫌犯罪时，学校必须客观负责地向公安机关报告。学校不要为了面子或者以保护学生为出发点而自行处置事件，要清醒地看到，涉嫌犯罪的校园欺凌行为已经是十分严重的事件，大事化小、小事化了的心态不但无助于解决问题，而且还有可能使事件进一步恶化。因此，在出现严重校园欺凌行为时，学校要跟公安部门保持密切沟通，在一切依法进行的前提下，可以对学生予以适当保护。

3. 与律师的合作

长期以来，律师在未成年人普法宣传与案件办理方面均发挥着重要的作用。2004年3月，全国律协下发了《关于全面推动律师参与未成年人保护工作的意见》，目前已有20多个省级律协和90多个地市级律协成立了专门的未成年人保护专业委员会，并形成了有9300多名律师参加的覆盖31个省、自治区和直辖市的"中国律师未成年人保护志愿协作网络"。十多年的时间里，各地律师以学校作为开展青少年普法的主要阵地，开展普法讲座和宣传活动，担任学校法制辅导员，宣传未成年人保护、参加学校法制建设工作。因此，在预防和处理校园欺凌方面，学校也可以充分引入律师的力量。律师可以发挥的作用主要包括：

（1）开展校园普法工作

未成年人保护律师具备丰富的法律知识以及实践经验，也是全国法制副校长、法制辅导员中的重要力量。律师可以通过举办培训班、开展讲座等活动向在校师生进行法律宣传，也可以参与到学生的法律咨询工作中来，对学生提供针对性的法治教育，提高普法效果。担任法制副校长、法制辅导员的律师在参与学校预防校园欺凌政策的制定，指导学校相关制度建设，预防、减少学生伤害事故等方面也可以发挥更重要的作用。

（2）担任教育行政部门、学校的法律顾问

2016年，中共中央办公厅、国务院办公厅印发了《关于推行法律顾问制度和

公职律师公司律师制度的意见》的通知，要求"从实际出发，在党政机关、人民团体、国有企事业单位分类推行法律顾问制度和公职律师、公司律师制度"。目前，很多学校和教育管理部门聘请了律师担任法律顾问。

在预防和处理校园欺凌方面，律师可以为相关部门和学校制定的反欺凌政策和措施提供法律意见，可以参与反欺凌制度的起草、论证工作，并在涉法涉诉的案件和重大突发性事件中提供法律帮助和服务。

（3）参与校园纠纷调解处理工作

校园欺凌行为存在复杂化、多样化的特点，目前教育行政部门、学校和学生及其家长在处理校园欺凌案件时均面临经验不足的困境，有些学生家长采取上访、堵校等激烈手段主张权益，也有些学校因处理方法不当而导致矛盾升级，致使一些轻微的校园欺凌事件也陷入双方互不信任、矛盾不可调和的僵局。为了有效维护学生合法权益，保障学校正常教学秩序，可以引入中立的第三方机构，建立校园欺凌案件的纠纷调解机制。

这一方面贯彻了十八届三中全会关于"激发社会组织活力"的精神，另一方面也符合教育部《全面推进依法治校实施纲要》中关于"完善学生权利救济制度""学校应当建立相对独立的学生申诉处理机构"的要求。教育行政部门、学校可以依托律师事务所等机构，建立第三方调解机制，建立公平、公正的处理程序，将校园欺凌事件纳入纠纷处理机制中，不但畅通了案件解决的渠道，也能提高校园欺凌事件解决的效率和效果。

4. 与专业社会组织的协作

　　黑龙江省大兴安岭市法院审理了一起因为中学生被勒索钱财引发的案件。该案中，被告刘某和被害人郭某都是刚满14周岁的中学生，郭某具有严重的不良行为，他结交了一些社会闲散人员，逃课、殴打师生、向周围同学勒索钱财等简直是劣迹斑斑，刘某就是被欺凌者之一。郭某多次采取殴打、胁迫等手段向刘某勒索现金，少则几十元，多则几百元，虽然刘某表面不敢反抗，内心却埋下了仇恨的种子。终于有一日，在郭某勒索完钱财以后，埋藏在刘某心底的仇恨情绪一下子爆发，他抓起事先准备好的菜刀将郭某砍死，并抛尸于一公厕内。最终，郭某丧失了生命，而刘某也由好学生变成了杀人犯，被判处6年有期徒刑。本案中，如果司法以及专业服务机构能够提前介入，帮助郭某及时纠正不良行为，或者社工和心理咨询老师能够及时跟刘某进行沟通，帮助他疏导心中的不满和仇恨，引导他正确看待和处理欺凌行为，也许该悲剧就不会发生。欺凌者实施欺凌行为的原因是多样的，欺凌者矫治和被欺凌者保护的需求也是多方面的，现在我国的社工服务和心理咨询发展得越来越好，是一支可以依靠的重要专业力量。社工或者专业心理人员可以重点加强对学习、心理有障碍和具有不良行为未成年学生的心理辅导和教育，为有行为问题或者遭受欺凌的学生提供专业帮助等，学校要充分利用这些专业资源为学生提供服务，帮助他们找出欺凌行为背后的原因并予以及时解决。

> **讨论**
>
> 你认为还应建立什么样的预防校园欺凌制度？你所在的学校都采取了哪些措施？还有哪些不完善的地方？

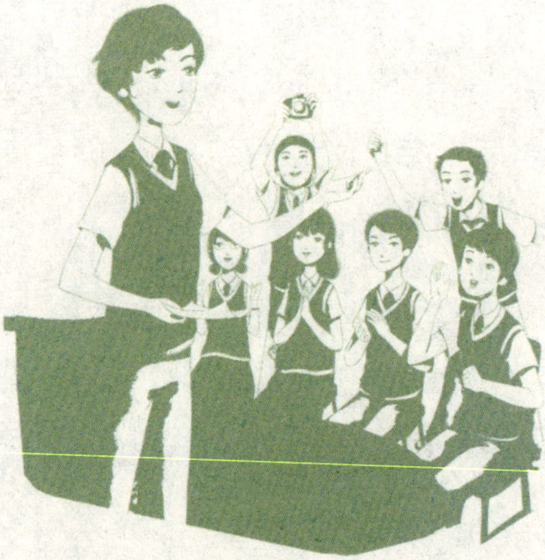

5 校园欺凌处理程序

校园欺凌的实施方式有很多种，每一种欺凌方式的行为程度和后果都存在很大差异。从学校的角度而言，应当建立一套科学、完整的程序来处理校园欺凌问题。尤其是对那些行为恶劣或者伤害后果较为严重的校园欺凌，要建立一套有效的处理机制。

我们认为，学校对校园欺凌的处理程序一般可以包括发现、现场紧急处理、调查、作出处理决定、追踪辅导等。

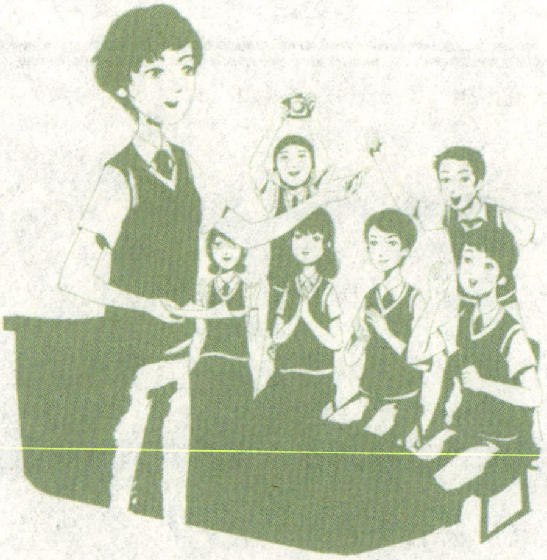

发现校园欺凌行为

1. 可能遭受欺凌的行为表现

学校教职员工要注意观察学生当中的异常现象。当有下列情况发生时，表示学生可能被欺凌，或是有被欺凌的危险：

（1）衣服、书本等个人物品被损坏，例如有撕痕、遗失等。

（2）身上有难以解释的伤口，如割伤、瘀青等。

（3）害怕到学校，或是害怕走路到学校，害怕参加集体活动，刻意躲着某些同学。

（4）上下学的路径变得不合理，或是花更久的时间在上下学路上。

（5）对课程忽然变得没有兴趣，或是日常表现变差。

（6）经常情绪低落或者沉默。

（7）经常以生病等理由缺课，有厌学现象。

（8）缺乏自信及自我认同感，有忧郁征兆。

一般来说，遭受到身体欺凌的学生可能更容易被老师发现，因为这可能表现为学生身体上的伤害、鼻青脸肿等，而对于遭受语言欺凌或者网络欺凌的学生，可能就不容易被察觉了。

对于这种隐蔽性的欺凌，老师要注意耐心观察，及时发现问题，比如可以观察学生之间互动是不是存在不平等或者力量失衡的情况，观察某一学生当前阶段的行为方式与之前是否存在反常和不一致，观察学生中是否存在群体划分且群体之间是否存在冲突，等等。如果发现学生有上述一些反常的、蹊跷的表

现，老师要及时和学生交流，多询问在学校是否遇到了难以处理的问题、是否需要老师帮忙。

2. 发现的途径

（1）加强日常安全教育管理和巡查。学校要组织教职员工在课间及午休等学生自由活动的时间开展必要的巡查。需要提醒老师的是，在进行日常安全管理或者巡查时，不仅要注意大众普遍都知晓的殴打等身体欺凌行为，更要注意学生群体的孤立行为、调侃行为等，因为这些可能构成社交欺凌、言语欺凌等。

（2）注意观察学生的异常反应。留意学生遭受欺凌行为的征兆，包括学生是否有受伤的情况，是否有情绪低落、沉默不语、成绩开始下滑等情况，学生是否形成小团体并相互之间存在冲突等。

（3）加强与学生及家长的沟通。如果发现学生的行为一反常态或者学生间的关系变得非常微妙，老师需要通过与学生沟通交流、与家长联络等方式了解是否存在欺凌行为。

就与学生沟通来说，因为老师每天都会和学生接触，应该说这种方式是最便捷的。

但事实上，可能遭受欺凌的学生会因为害怕报复而不愿告知老师。

所以老师在选择与学生的沟通方式上要特别注意，不要采取在教室点名等公开的方式找学生了解情况，要采取更为隐蔽的方式，比如通过学生上交作业时进行私下沟通，在人比较少的时间告知学生去办公室谈话等。

就与家长的联络来说，老师可以通过私下电话的方式与家长沟通学生情况，诸如告知家长最近学生在学校的表现，询问学生在家里的行为是否存在任何异常等。

> 这是一个需要老师和学生共同讨论的话题。老师需要注意学生有哪些异常表现？学校需要建立怎样的机制以及时发现校园欺凌问题？老师在与学生及家长沟通时需要注意哪些问题？

现场紧急处理

对于发现正在实施的被欺凌者校园欺凌或者欺凌后果比较严重的事件，学校要结合欺凌的方式和程度作出不同处理。这些欺凌行为可能包括：严重的身体欺凌行为，严重性欺凌，欺凌的文字、照片或视频在网络上广泛传播，长期被欺凌后进行的自残或者暴力行为等。

1. 赶赴现场立即制止欺凌行为

在发现暴力欺凌行为后，就近的教职员工要迅速赶赴现场，同时及时向学校反欺凌协调员报告情况。本着保护学生安全的原则，现场老师力求不对学生造成伤害，但是当欺凌者强行施暴或者威胁到老师安全时，老师和被欺凌者可以实行正当防卫。对于欺凌行为极其恶劣，当事人可能构成违法犯罪的，学校要第一时间拨打110报警，由公关机关出警调查处理。

有的欺凌行为发生在虚拟网络中，欺凌者可能会在微博、微信、QQ或者论坛等社交媒体上发表侮辱、恐吓或伤害学生的视频、照片或者言论，并已经形成了广泛传播。学校任何教职员工在发现该类信息后都要及时联系反欺凌协调员，必要时向主管副校长或校长报告。网络欺凌行为一旦发生，往往具备扩散速度快、影响范围广、难以控制等特点，需要学校及时采取三项措施：尽快确认发帖者，要求其立即删除相关内容；联系网络服务提供者，告知其在传播违法内容，要求其采取删除、屏蔽、断开链接等必要措施；必要时及时报警。通过采取上述措施，避免伤害后果进一步扩大。

2. 实施紧急救治，同时保护被欺凌者

接到事故发生的消息后，学校医护人员应立即携带药品到事发现场了解伤员情况，对轻伤员进行简单救治，有较重伤员时要立即拨打急救电话送往医院，在救护车未赶到之前，医护人员可以采取适当的包扎、急救等措施。对于精神或者心理受到伤害的被欺凌者，要安排学校的心理老师或者心理医生到现场安抚情绪，不要对学生形成刺激或者进一步伤害，并在被欺凌者的监护人或其他近亲属到来之前，安排专人对被欺凌者进行陪伴。在现场处置时，要注意保护被欺凌者的隐私，尤其是涉及性欺凌时，九部门意见明确要求相关人员保护学生的隐私和名誉，不得对事件进行渲染和扩散。

3. 对欺凌现场进行疏散引导

切忌在发生校园欺凌后出现大批人员围观的情形，学校要组织专人对现场进行疏散引导，组织被欺凌者和其他易受伤害的学生撤离现场，防止欺凌者对更多学生造成伤害。

留在现场处理事故的教职员工要注意保存证据，不能私自破坏现场，也不能让闲杂人等擅自闯入现场，要为司法部门勘查现场提供最大限度的支持。

4. 联系家长并及时报告

学校或公安机关控制住现场以后，学校要通知双方学生的家长。学校要向家长客观描述事情经过，不要在电话中恐吓、惊吓家长，要提醒家长保持理性。学校要和家长有效沟通处理相关欺凌案件需要注意的问题。同时，学校应当及时向教育主管部门报告，要将学校已经初步掌握的事故发生的时间、地点、原因以及当事人的姓名、年龄、所在班级、受伤情况、受救助情况以及其他事项上报。学校不得隐瞒发生的伤害事故或歪曲事故发生的原因，否则需要为此承担相关责任。

5. 客观、妥善应对舆情

在严重的校园欺凌发生后，可能会引发社会的广泛关注，再加上新媒体的传播，事件影响力有可能会迅速扩大。出现类似情况时，为妥善应对舆情，学校应注意以下问题：组织专人负责搜集、整理相关媒体报道和网络信息，理性分析舆情；客观回应社会关注，不要用虚假信息误导公众；不要使用生硬、官僚或刺激性等语言表达方式，为保障当事未成年学生的隐私，要明确告知媒体只能就事件进行报道，不能披露当事人的信息或者任何可以推测出当事人身份的信息；要安排专人回答媒体的相关采访，建立与媒体的有效沟通。

调查

在校园欺凌行为发生后，学校应当站在客观、中立的立场迅速组织调查。调查要全面、深入，使调查结果令学生和家长信服。在组织调查时，学校要注意以下几方面的内容：

1. 调查应当迅速开展。在实践中，即使有的校园欺凌尚未造成严重后果，但是，一旦有学生或者家长报告，学校就要认真对待，绝不能仅仅当作学生之间的日常打闹来处理。

2. 成立专门的校园欺凌事件调查小组，指定专人牵头调查，必要时可以邀请学生代表和家长代表加入调查小组，学校校长或主管校园欺凌的副校长应当领导、监督调查工作的开展。

3. 调查可以采用谈话、背靠背访谈等方式进行。调查人员要跟欺凌者和被欺凌者以及双方家长分别谈话，向现场围观或者其他目睹的人员了解情况，必要时也可以组织双方见面，允许他们发言陈述，以确定欺凌行为是否存在。如果被访谈者要求保密的，应当对其信息予以保密。

4. 详细调查了解欺凌者和被欺凌者的情况，如双方的关系如何、双方家庭情况怎样、之前是否发生过欺凌行为、是否需要帮助等。

5. 要尽快提交书面调查结果。调查结果应当尽量翔实，包括调查的步骤、搜集到的相关信息、听取的相关方意见以及认定的事实、调查结论等。学校应当把调查内容向双方学生和家长反馈，并指导学生和家长做好善后事宜。

6. 需要报告教育行政部门的，及时将调查结论报告给教育行政部门。认为校园欺凌行为已经达到违法犯罪程度的，应当及时报警，通过公安机关介入来

处理。

需要特别提醒的是，调查不必大张旗鼓地进行，整个调查过程都不能过分暴露双方当事人的隐私。对于调查小组成员，学校要书面告知不得通报或者宣扬欺凌当事人的隐私，否则需要就此承担责任。

讨论

你认为欺凌案件的处理标准应该是什么样的？学校应该建立什么样的管理制度？

作出处理决定

调查结果出来以后，下一步就是处理决定。学校的处理决定对学生影响重大，甚至会改变他们的一生，因此，学校在处置时一定要慎之又慎。建议学校考虑下列步骤：

1. 在正式作出决定前，要充分听取双方当事人及其家长和班主任老师的意见。在作出处理决定后，要及时告知双方当事人。

2. 根据施暴学生的年龄以及行为的严重情况，学校可以对其作出下列一种或多种处分措施：

（1）要求欺凌者向被欺凌者真诚道歉并作出书面检讨，保证不再实施欺凌行为；由欺凌者的家长对被毁坏的财产进行赔偿，将抢夺的财物等返还给被欺凌者；造成被欺凌者人身伤害的，欺凌者及其监护人要给予赔偿。

（2）如果本班同学利用座位离得近等便利条件实施欺凌行为，将双方分开能够对被欺凌者予以保护的，老师可以将座位分开；需要对欺凌者和被欺凌者或者潜在的被欺凌者进行隔离的，也可以将欺凌者安排到其他班级。

（3）通知家长配合管教，指定老师与家长及时定期沟通，并对沟通情况进行书面记录，跟踪了解双方的配合管教效果。

（4）欺凌行为造成严重后果，或者多次实施欺凌行为，严重破坏了学校的教育管理秩序的，可以将欺凌者的情况记录在案并将其表现计入学生的综合素质评估。必要的时候，可以与家长协商后将其转到专门学校。

（5）需要给予纪律处分的，根据相关规定对欺凌者给予纪律处分。

对于是否构成欺凌行为，学校或者老师需要根据实施者的主观心理是否存在恶意或者蓄意，还需要结合学生之间的日常表现、双方关系等情况做出综合认定。在对实施者的主观心理难以做出判断，双方确实很难表述清楚时，我们建议学校及家长不要非得深究事实真相，而是要以及时、妥善为原则，对双方的矛盾进行化解，避免事件进一步扩大给学生造成很大压力。当然，如果已经对受害方构成了伤害，加害方应该赔礼道歉，并由监护人承担相应的民事赔偿责任。

追踪辅导

保护被欺凌者以及将欺凌者引导到正常学习生活轨道上来，都是学校处理欺凌行为的重要组成部分。所以，任何校园欺凌问题，不是调查处理后就已经了结，而是需要安排老师继续追踪辅导，以从根本上消除欺凌。

1. 保护被欺凌者

（1）学校将会采取一切必要的措施保护潜在的被欺凌者免受进一步欺凌，包括为欺凌者调整座位、班级，指派专门的教师监督、护送等。

（2）与学生的家长定期及时沟通，确保欺凌者没有再实施威胁或者报复等行为，指导家长正确处理该事件，对被欺凌者给予保护，帮助其重新建立起安全感。

（3）应被欺凌者和家长的要求，对被欺凌者的情况进行保密。如果家长或者学生要求转学的，学校积极配合办理转学手续。

（4）指派一名学校的主管领导跟踪后续情况，确保校园欺凌行为已经结束，被欺凌者和其他的潜在被欺凌者都不会受到伤害。

2. 对欺凌双方跟踪辅导

有些校园欺凌行为存在的时间较长，不是一时就能处理清的，需要学校花费

一定的时间对学生进行跟踪辅导,以彻底消除欺凌行为:

(1)指定专门的老师观察欺凌者的行为表现,避免其进一步实施欺凌行为,并针对欺凌行为产生的原因,联系相关部门提供矫治或者其他支持。

(2)通知家长配合管教,指定老师与家长定期及时沟通,并对沟通情况进行书面记录,跟踪了解家长对欺凌者的配合管教效果。

(3)邀请专业人员或者专业机构对欺凌者进行评估,听取他们的专业意见。如果认为欺凌者需要参加心理辅导或者接受社工服务,经过监护人同意后,转介其接受心理咨询或者社工服务。

(4)对被欺凌者进行持续追踪辅导,确保被欺凌者能够逐步恢复正常状态,如果被欺凌者需要进行心理辅导的,学校要帮助其联系相关心理老师和其他专业人士、相关的需求提供方。

除了上述处理程序以外,学校还要定期总结校园欺凌事件发生的原因,检讨校内相关环境及教育措施,并进一步完善预防和应对制度,以一种更加科学、理性的心态解决校园欺凌问题。

> 以一些媒体报道的有广泛社会影响的校园欺凌案件为例,学校反欺凌委员会要组织相关教职员工讨论本校在校园欺凌案件的处理过程中都存在哪些问题、本书哪些建议可供借鉴。并据此制订本校应对校园欺凌的处理预案。

6 校园欺凌的相关法律责任

校园欺凌不但给被欺凌者的身心健康造成直接伤害，而且给欺凌者、校内其他学生以及学校的教学管理秩序均带来重大影响，按照法律规定，学校还需要对有些案件承担相应的法律责任。因此，学校必须将防治校园欺凌行为放到重中之重的地位。每个人都要为自己的行为承担责任，一旦产生危害后果，被欺凌者有权要求欺凌者甚至学校按照法律规定承担相应责任。

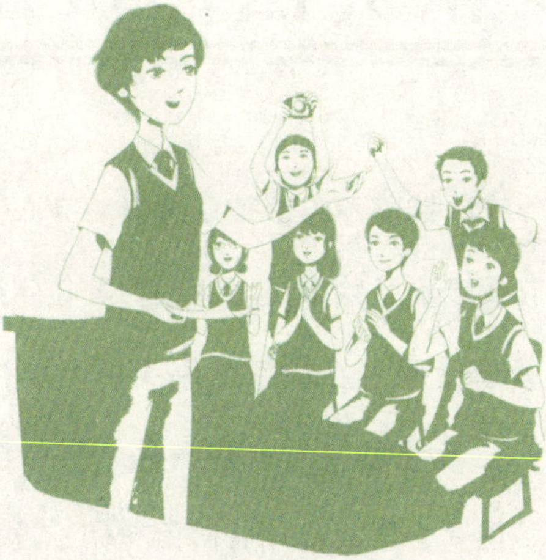

欺凌者的责任

1. 民事责任

根据《民法通则》《侵权责任法》等法律的相关规定，承担民事责任的方式主要有：（一）停止侵害；（二）排除妨碍；（三）消除危险；（四）返还财产；（五）恢复原状；（六）修理、重作、更换；（七）赔偿损失；（八）支付违约金；（九）消除影响、恢复名誉；（十）赔礼道歉。上述方式，可以单独适用，也可以合并适用。欺凌者造成被欺凌者人身及财产损失的，除需要向被欺凌者承担赔礼道歉、消除影响、恢复名誉等责任外，还需要依法承担民事赔偿责任。

根据我国《侵权责任法》、《最高人民法院关于审理人身损害赔偿案件适用法律若干问题的解释》（以下简称"《人身损害赔偿司法解释》"）的规定，被欺凌者可以主张赔偿的人身损害项目包括：

一是受害人遭受人身损害的赔偿项目，包括：医疗费、误工费、护理费、交通费、住宿费、住院伙食补助费、必要的营养费。

二是受害人因伤致残的赔偿项目，除以上第一项外还包括：残疾赔偿金、残疾辅助器具费、受害人承担扶养义务的被扶养人生活费，以及因康复护理、继续治疗实际发生的必要的康复费、护理费、后续治疗费。

三是受害人死亡的赔偿项目，除第一项费用外，还包括：丧葬费、受害人承担扶养义务的被扶养人生活费、死亡补偿费以及受害人亲属办理丧葬事宜支出的交通费、住宿费和误工损失等其他合理费用。

四是受害人或者死者近亲属遭受精神损害的抚慰金。

需要注意的是，很多欺凌者属于无民事行为能力或者限制民事行为能力人，他们通常没有独立的经济来源，给他人造成损害的，应该由监护人承担侵权责任。监护人尽到监护责任的，可以减轻其侵权责任。有些欺凌者虽然为无民事行为能力人或者限制民事行为能力人，但有自己的财产或收入，则应当从本人财产中支付赔偿费用。不足部分，由监护人赔偿。

例如，2015年荣昌区法院审理了一起健康权纠纷案件，多名初中女学生共同殴打另一名女生兰兰导致兰兰受到严重伤害，后经鉴定构成十级伤残，最终由打人的女学生家长对兰兰进行了赔偿。

讨论

你认为这些赔偿能弥补被欺凌者的损失吗？被欺凌者还可以主张哪些赔偿？

人身损害赔偿项目及计算标准

项目	计算标准
医疗费	医疗费根据医疗机构出具的医药费、住院费等收款凭证，结合病历和诊断证明等相关证据确定。赔偿义务人对治疗的必要性和合理性有异议的，应当承担相应的举证责任。 医疗费的赔偿数额，按照一审法庭辩论终结前实际发生的数额确定。 器官功能恢复训练所必要的康复费、适当的整容费以及其他后续治疗费，赔偿权利人可以待实际发生后另行起诉。但根据医疗证明或者鉴定结论确定必然发生的费用，可以与已经发生的医疗费一并予以赔偿。
（家长）误工费	虽然在校学生本身没有收入，但因属于未成年人，受伤害后需要家长的陪护，在此期间家长发生的合理的误工收入也可得到法院的支持。 误工费根据误工时间和收入状况确定。 误工时间根据接受治疗的医疗机构出具的证明确定。因伤致残持续误工的，误工时间可以计算至定残日前一天。 家长有固定收入的，误工费按照实际减少的收入计算。无固定收入的，按照其最近三年的平均收入计算；不能举证证明其最近三年的平均收入状况的，可以参照受诉法院所在地相同或者相近行业上一年度职工的平均工资计算。
护理费	护理费根据护理人员的收入状况和护理人数、护理期限确定。 护理人员有收入的，参照误工费的规定计算；护理人员没有收入或者雇佣护工的，参照当地护工从事同等级别护理的劳务报酬标准计算。护理人员原则上为一人，但医疗机构或者鉴定机构有明确意见的，可以参照确定护理人员人数。 护理期限应计算至受害人恢复生活自理能力时止。受害人因残疾不能恢复生活自理能力的，可以根据其年龄、健康状况等因素确定合理的护理期限，但最长不超过二十年。 受害人定残后的护理，应当根据其护理依赖程度并结合配制残疾辅助器具的情况确定护理级别。

续表

项目	计算标准
交通费	交通费根据受害人及其必要的陪护人员因就医或者转院治疗实际发生的费用计算。 交通费应当以正式票据为凭；有关凭据应当与就医地点、时间、人数、次数相符合。
住宿费	受害人确有必要到外地治疗，因客观原因不能住院，受害人本人及其陪护人员实际发生的住宿费和伙食费，其合理部分应予赔偿。
住院伙食补助费	住院伙食补助费可以参照当地国家机关一般工作人员的出差伙食补助标准予以确定。
营养费	营养费根据受害人伤残情况参照医疗机构的意见确定。
残疾赔偿金	根据受害人丧失劳动能力程度或者伤残等级，按照受诉法院所在地上一年度城镇居民人均可支配收入或者农村居民人均纯收入标准，自定残之日起按二十年计算。但六十周岁以上的，年龄每增加一岁减少一年；七十五周岁以上的，按五年计算。 受害人因伤致残但实际收入没有减少，或者伤残等级较轻但造成职业妨害严重影响其劳动就业的，可以对残疾赔偿金作相应调整。
残疾辅助器具费	按照普通适用器具的合理费用标准计算。伤情有特殊需要的，可以参照辅助器具配制机构的意见确定相应的合理费用标准。 辅助器具的更换周期和赔偿期限参照配制机构的意见确定。
丧葬费	丧葬费按照受诉法院所在地上一年度职工月平均工资标准，以六个月总额计算。
死亡赔偿金	死亡赔偿金按照受诉法院所在地上一年度城镇居民人均可支配收入或者农村居民人均纯收入标准，按二十年计算。
精神损害抚慰金	精神损害的赔偿数额根据以下因素确定：（一）侵权人的过错程度，法律另有规定的除外；（二）侵害的手段、场合、行为方式等具体情节；（三）侵权行为所造成的后果；（四）侵权人的获利情况；（五）侵权人承担责任的经济能力；（六）受诉法院所在地平均生活水平。

2. 治安管理处罚

校园欺凌行为多是以殴打、虐待、拍裸照等方式实施，有些行为情节轻微，尚不构成犯罪，但是同样违反了我国《治安管理处罚法》的规定，应当给予治安管理处罚。根据该法的规定，已满14周岁不满18周岁的人违反治安管理的，从轻或者减轻处罚；不满14周岁的人违反治安管理的，不予处罚，但是应当责令其监护人严加管教。

根据相关规定，下列行为应当受到治安管理处罚：

（1）扰乱公共秩序的行为，如结伙斗殴，追逐、拦截他人，强拿硬要或者任意损毁、占用公私财物，或者其他寻衅滋事行为。有上述行为之一的，公安机关可以对行为人处5日以上10日以下拘留，可以并处500元以下罚款；情节较重的，处10日以上15日以下拘留，可以并处1000元以下罚款（《治安管理处罚法》第26条）。

（2）妨害公共安全的行为，如非法携带枪支、弹药或者弩、匕首等国家规定的管制器具的，处5日以下拘留，可以并处500元以下罚款；情节较轻的，处警告或者200元以下罚款。非法携带上述管制器具进入公共场所或者公共交通工具的，处5日以上10日以下拘留，可以并处500元以下罚款。（《治安管理处罚法》第32条）

（3）侵犯他人人身权利、财产权利的行为，这一类内容涵盖内容较多，包括侵犯他人人身自由的行为、侵害他人名誉权和隐私权的行为和侵害他人健康权的行为。具体如下：

第一，侵犯他人人身自由的行为，如组织、胁迫、诱骗不满16周岁的人或残疾人进行恐怖、残忍表演的；以暴力、威胁或者其他手段强迫他人劳动的；非法限制他人人身自由、非法侵入他人住宅或者非法搜查他人身体的。有上述行为之一的，处10日以上15日以下拘留，并处500元以上1000元以下罚款；情节较轻的，处5日以上10日以下拘留，并处200元以上500元以下罚款。（《治安管理处罚法》第40条）

第二，侵害他人名誉权和隐私权的行为，如写恐吓信或者以其他方法威胁他人人身安全的；公然侮辱他人或者捏造事实诽谤他人的；捏造事实诬告陷害他人，企图使他人受到刑事追究或者受到治安管理处罚的；多次发送淫秽、侮辱、恐吓或者其他信息，干扰他人正常生活的；偷窥、偷拍、窃听、散布他人隐私的。有上述行为之一的，处5日以下拘留或者500元以下罚款；情节较重的，处5日以上10日以下拘留，可以并处500元以下罚款。（《治安管理处罚法》第42条）

第三，侵害他人健康权的行为，如殴打他人的，或者故意伤害他人身体的，处5日以上10日以下拘留，并处200元以上500元以下罚款；情节较轻的，处5日以下拘留或者500元以下罚款。但是有下列情形之一的，处10日以上15日以下拘留，并处500元以上1000元以下罚款：（一）结伙殴打、伤害他人的；（二）殴打、伤害残疾人、孕妇、不满14周岁的人或者60周岁以上的人的；（三）多次殴打、伤害他人或者一次殴打、伤害多人的（《治安管理处罚法》第43条）；猥亵他人的，或者在公共场所故意裸露身体，情节恶劣的，处5日以上10日以下拘留；猥亵智力残疾人、精神病人、不满14周岁的人或者有其他严重情节的，处10日以上15日以下拘留（《治安管理处罚法》第44条）

（4）妨害社会管理的行为，如制作、运输、复制、出售、出租淫秽的书刊、图片、影片、音像制品等淫秽物品或者利用计算机信息网络、电话以及其他通讯工具传播淫秽信息的，处10日以上15日以下拘留，可以并处3000元以下罚款；情节较轻的，处5日以下拘留或者500元以下罚款（《治安管理处罚法》第68条）；引诱、容留、介绍他人卖淫的，处10日以上15日以下拘留，可以并处5000元以下罚款；情节较轻的，处5日以下拘留或者500元以下罚款（《治安管理处罚法》第67条）。

> **讨论**
>
> 你认为还有哪些校园欺凌行为应该受到治安处罚？

3. 刑事责任

根据我国《刑法》关于刑事责任年龄的规定，已满16周岁的人犯罪，应当承担刑事责任。已满14周岁不满16周岁的人，只对故意杀人、故意伤害致人重伤或者死亡、强奸、抢劫、贩卖毒品、放火、爆炸、投毒罪8种罪名承担刑事责任。需要注意的是，如果欺凌者因不满16周岁而没有受到刑事处罚，那么根据《刑法》的规定，应责令他的家长或者监护人加以管教；在必要的时候，也可以由政府收容教养。

结合实践中发生的案例，实施欺凌行为可能被认定的罪名主要包括：

（1）故意伤害罪

以伤害为目的，对他人实施殴打等暴力行为，或者明知暴力行为可能会发生伤害后果却放任不管，造成他人轻伤及以上后果的，会构成故意伤害罪。例如

2012年在西安某地，17岁技校女生万某只因与同学吵过架，就纠集10名女学生在宿舍内对这名女同学大打出手，而这些施暴女生不过才十五六岁。万某因涉嫌故意伤害罪被检察机关批准逮捕。上述案例中万某已满16周岁，需要承担刑事责任，但是对于已满14周岁不满16周岁的未成年人来说，如果故意伤害造成他人重伤或者死亡后果的，也应当负刑事责任。

根据《刑法》的规定，故意伤害他人身体的，处三年以下有期徒刑、拘役或者管制。致人重伤的，处三年以上十年以下有期徒刑；致人死亡或者以特别残忍手段致人重伤造成严重残疾的，处十年以上有期徒刑、无期徒刑或者死刑。

（2）过失致人重伤罪、过失致人死亡罪

有些欺凌案件中，欺凌者并没有给他人造成身体伤害的故意，但是因为疏忽大意没有预见到自己的行为可能造成他人重伤或死亡的后果，或者虽然预见到了，但是轻信能够避免，这就会构成过失犯罪。例如在欺凌中，欺凌者实施了推搡、踢踹等行为，但是被欺凌者在倒地时滚下楼梯，或者磕在课桌角、花坛边缘等地方，结果造成颅脑损伤，出现重伤或死亡等严重后果。欺凌者在实施推搡、踢踹等行为时，应当清楚自己的行为可能造成他人倒地磕伤、摔下楼梯等伤害后果，但是因疏忽大意而没有预见到，属于过失致人伤害的行为。对于过失行为，只有在造成被害人重伤或死亡的严重后果时才构成犯罪。

根据《刑法》的规定，过失致人死亡的，处三年以上七年以下有期徒刑；情节较轻的，处三年以下有期徒刑。过失伤害他人致人重伤的，处三年以下有期徒刑或者拘役。

（3）非法拘禁罪

非法拘禁是指以拘押、禁闭或者其他强制方法，非法剥夺他人人身自由的犯罪行为。非法拘禁行为侵犯了他人的身体自由权。《华商报》曾报道，2015年5月，在长武某学校就读的13岁女孩陈某一夜未归。在警察的帮助下，人们在一家宾馆内找到陈某。据陈某描述，5月5日下午放学后，有4人找到她说有一件事牵扯到她，需要她去证实一下，随后将她带到宾馆，限制人身自由。其间，4人对她实施殴打、威胁，还抢走了她身上的173元钱。经过大量调查，民警将团伙成员鱼某、罗某、梁某、李某抓获，其中鱼某为主犯。鱼某等3人囚禁陈某、限制其人身自由的行为就是非法拘禁行为，3人因涉嫌非法拘禁被公安机关刑事拘留。

根据《刑法》第238条的规定，非法拘禁他人或者以其他方法非法剥夺他人人身自由的，处三年以下有期徒刑、拘役、管制或者剥夺政治权利。具有殴打、侮辱情节的，从重处罚。致人重伤的，处三年以上十年以下有期徒刑；致人死亡的，处十年以上有期徒刑。

另外需要特别注意的是，如果在非法拘禁的过程中使用暴力，导致被害人伤残、死亡的，则需要按照故意伤害罪、故意杀人罪来定罪处罚。在以故意伤害致人重伤或死亡、故意杀人罪定罪时，已满14周岁的未成年人需要承担相应的刑事责任。

（4）侮辱罪、诽谤罪

侮辱罪是指使用暴力或者以其他方法，公然贬损他人人格，破坏他人名誉，情节严重的犯罪行为。诽谤罪是指故意捏造并散布虚构的事实，足以贬损他人人格，破坏他人名誉，情节严重的行为。

根据中新网报道，2015年9月，14岁的少女姗姗在中学外一片荔枝林中被4名同校女生扇耳光、一路猛踹。姗姗一直痛哭，但是4名同学仍然不肯罢休，竟然上前撕扯她的衣物（并指使他人拍成视频放到网上）。这种以撕扯衣物等以侮辱他人人格等的方式施行的行为就可能构成侮辱罪，最终警方以侮辱罪对这4名女生进行立案侦查。

诽谤罪也是侵犯他人尊严、名誉的行为，例如有些同学故意捏造、虚构事实并在网络上散布谣言，以达到贬损受害同学的人格、名誉的目的，这种行为就可能构成诽谤罪。

根据《刑法》第246条的规定，以暴力或者其他方法公然侮辱他人或者捏造事实诽谤他人，情节严重的，处三年以下有期徒刑、拘役、管制或者剥夺政治权利。

另外，根据2013年9月《最高人民法院、最高人民检察院关于办理利用信息网络实施诽谤等刑事案件适用法律若干问题的解释》的规定，具有下列情形之一的，应当认定为刑法第246条第一款规定的"捏造事实诽谤他人"：（一）捏造损害他人名誉的事实，在信息网络上散布，或者组织、指使人员在信息网络上散布的；（二）将信息网络上涉及他人的原始信息内容篡改为损害他人名誉的事实，在信息网络上散布，或者组织、指使人员在信息网络上散布的；（三）明知是捏造的损害他人名誉的事实，在信息网络上散布，情节恶劣的，以"捏造事实诽谤他人"论。

具有下列情形之一的，应当认定为刑法第246条第一款规定的"情节严重"：（一）同一诽谤信息实际被点击、浏览次数达到五千次以上，或者被转发次数达到五百次以上的；（二）造成被害人或者其近亲属精神失常、自残、自杀等严重后果的；（三）二年内曾因诽谤受过行政处罚，又诽谤他人的。

（5）抢劫罪

抢劫是指以非法占有为目的，对财物的所有人、保管人当场使用暴力、胁迫或其他方法，强行将公私财物抢走的行为。抢劫罪是校园欺凌事件中学生比较容易触犯的罪名，实践中很多案件都是以学生恃强凌弱，强行索要低年级或者其他弱小孩子的学习用品及随身携带财物的形式发生的。例如，《潇湘晨报》曾经报道的一个案例中，余先生给15岁的儿子小石买了一部苹果手机，但是没想到不到半个月时间，小石遭遇了同学策划的两次抢劫。小石抱着"千万不能丢手机"的念头，两次都成功保护了手机，但依然遭到搜身和殴打，被抢走了身上的现金。事情结束后，小石因为不堪压力而转学，犯罪嫌疑人程某与李某因涉嫌抢劫被检察院批准逮捕。

按照法律规定，年满14周岁的人即可成为抢劫罪的犯罪主体。不过法律及相关司法解释本着对未成年人"教育为主，惩罚为辅"的原则，规定了已满14周岁不满16周岁的人使用轻微暴力或者威胁，强行索要其他未成年人随身携带的生活、学习用品或者钱财数量不大，且未造成被害人轻微伤以上或者不敢正常到校学习、生活等危害后果的，不认为是犯罪。已满16周岁不满18周岁的人具有上述规定情形的，一般也不认为是犯罪。

但是，如果未成年人实施的行为情节严重，例如强行索要的财物数额较大，或者造成了被抢学生精神压力过大、不敢到校学习等严重后果，像上述案例中小石因"不堪压力而转学"等严重情形，依然会被作为犯罪来处理。例如，2014年巴中市平昌县人民法院审理的一起案件中，17岁的何某三次使用暴力向学生侯某索要钱财，虽然最终只抢到了8元钱，但是其用拳头殴打侯某，造成侯某面部受伤、鼻骨骨折，经鉴定构成轻微伤，最终法院依然以抢劫罪对其进行了定罪处罚。

根据《刑法》第263条的规定，以暴力、胁迫或者其他方法抢劫公私财物的，处三年以上十年以下有期徒刑，并处罚金；有下列情形之一的，处十年以上有期徒刑、无期徒刑或者死刑，并处罚金或者没收财产：(一)入户抢劫的；(二)在公共交通工具上抢劫的；(三)抢劫银行或者其他金融机构的；(四)多次抢劫或者抢劫数额巨大的；(五)抢劫致人重伤、死亡的；(六)冒充军警人员抢劫的；(七)持枪抢劫的； (八)抢劫军用物资或者抢险、救灾、救济物资的。抢劫行为对被害人的人身、财产安全均具有严重的危害性，抢劫罪也是法律规定的处罚较重的罪行，最高可能被判处死刑，需要引起学校的高度重视。

（6）敲诈勒索罪

敲诈勒索是指以非法占有为目的，对被害人使用威胁或要挟的方法，强行索要公私财物的行为。敲诈勒索罪和抢劫罪有相似之处，但是也有区别，如果学生当场以暴力手段劫取财物，可能构成抢劫罪；如果是扬言若不交出财物，以后将要对他或者他的朋友、家人等实施暴力殴打、毁坏财物或者侵害名誉的行为，则可能构成敲诈勒索罪。

另外，根据《最高人民法院、最高人民检察院关于办理利用信息网络实施诽谤等刑事案件适用法律若干问题的解释》第6条的规定，以在信息网络上发布、删除等方式处理网络信息为由，威胁、要挟他人，索取公私财物，数额较大，或者多次实施上述行为的，依照刑法第274条的规定，以敲诈勒索罪定罪处罚。

根据《刑法》第274条的规定，敲诈勒索公私财物，数额较大或者多次敲诈勒索的，处三年以下有期徒刑、拘役或者管制，并处或者单处罚金；数额巨大或者有其他严重情节的，处三年以上十年以下有期徒刑，并处罚金；数额特别巨大或者有其他特别严重情节的，处十年以上有期徒刑，并处罚金。按照2013年《最高人民法院、最高人民检察院关于办理敲诈勒索刑事案件适用法律若干问题的解释》的规定，敲诈勒索公私财物价值2000元至5000元以上就应当认定为"数额较大"，两年内敲诈勒索3次以上的，应当认定为"多次敲诈勒索"。

（7）故意毁坏财物罪

有些校园欺凌是以故意毁灭或损坏他人的财物为表现形式的，例如故意将其他同学新买的文具、手机摔坏，在他人的衣物上进行涂画、污损。如果毁损的财物数额较大或者有其他严重情节的，则可能构成故意毁坏财物罪。至于何种程度构成数额较大或情节严重，可以参考最高人民检察院、公安部《关于公安机关管辖的刑事案件立案追诉标准的规定（一）》的规定：故意毁坏公私财物，涉嫌下列情形之一的，应予立案追诉：（一）造成公私财物损失五千元以上的；（二）毁坏公私财物三次以上的；（三）纠集三人以上公然毁坏公私财物的；（四）其他情节严重的情形。

根据《刑法》第275条的规定，故意毁坏公私财物，数额较大或者有其他严重情节的，处三年以下有期徒刑、拘役或者罚金；数额巨大或者有其他特别严重情节的，处三年以上七年以下有期徒刑。

（8）寻衅滋事罪

寻衅滋事是指肆意挑衅、殴打、骚扰他人或任意损毁、占用公私财物，或者在公共场所起哄闹事，严重破坏社会秩序的行为。对于已满16周岁不满18周岁的未成年学生，出于以大欺小、恃强凌弱或者寻求精神刺激，随意殴打其他未成年人、多次对其他未成年人强拿硬要或者任意损毁公私财物，扰乱学校及其他公共场所秩序，情节严重的，应以寻衅滋事罪定罪处罚。例如，2016年4月，三门峡市两名初中男孩小华和小鹏骑车外出时，与其他十几名同龄的孩子发生剐蹭，被对方围堵并要求交出随身财物。在得知两人身上并无钱财时，对方对两人变本加厉地殴打、侮辱。警方以寻衅滋事行为对其中的4人进行了行政拘留，但因4人均不满16周岁，依法不予执行。在上述案例中，欺凌者已经实施了寻衅滋事行为，如果欺凌者已满16周岁，且情节严重，则需要承担刑事责任。

根据《刑法》第293条的规定，有下列寻衅滋事行为之一，破坏社会秩序的，处五年以下有期徒刑、拘役或者管制：（一）随意殴打他人，情节恶劣的；（二）追逐、拦截、辱骂、恐吓他人，情节恶劣的；（三）强拿硬要或者任意损毁、占用公私财物，情节严重的；（四）在公共场所起哄闹事，造成公共场所秩序严重混乱的。纠集他人多次实施上述行为，严重破坏社会秩序的，处五年以上十年以下有期徒刑，可以并处罚金。

另外，根据《最高人民法院、最高人民检察院关于办理利用信息网络实施诽谤等刑事案件适用法律若干问题的解释》第5条的规定，利用信息网络辱骂、恐吓他人，情节恶劣，破坏社会秩序的，依照刑法第293条第一款第（二）项的规定，以寻衅滋事罪定罪处罚；编造虚假信息，或者明知是编造的虚假信息，在信息网络上散布，或者组织、指使人员在信息网络上散布，起哄闹事，造成公共秩序严重混乱的，依照刑法第293条第一款第（四）项的规定，以寻衅滋事罪定罪处罚。

（9）强奸罪

强奸罪是指违背妇女意志，使用暴力、胁迫或者其他手段，强行与妇女发生性关系的行为。有一些欺凌行为是以性侵害方式进行的。例如，14岁的小华在某技术学校读书，从上学的那天起，就屡屡有男同学对其骚扰和挑衅，但这些挑衅行为并未引起学校重视，直到有一天小华返回宿舍途中被经常纠缠她的同学劫持到空教室内，5名男生对其进行了搜身，其中两人对她实施了强奸。事发后，5名男生被刑事拘留。

强奸罪是处罚较重的一个罪名，根据《刑法》第236条的规定，以暴力、胁迫或者其他手段强奸妇女的，处三年以上十年以下有期徒刑。奸淫不满十四周岁的幼女的，以强奸论，从重处罚。强奸妇女、奸淫幼女，有下列情形之一的，处十年以上有期徒刑、无期徒刑或者死刑：（一）强奸妇女、奸淫幼女情节恶劣的；（二）强奸妇女、奸淫幼女多人的；（三）在公共场所当众强奸妇女的；（四）二人以上轮奸的；（五）致使被害人重伤、死亡或者造成其他严重后果的。

奸淫幼女属于法定的从重处罚的情节，实践中关于"奸淫幼女"的认定，最高人民法院、最高人民检察院、公安部、司法部联合发布的《关于依法惩治性侵害未成年人犯罪的意见》的规定，知道或者应当知道对方是不满14周岁的幼女，而实施奸淫等性侵害行为的，应当认定行为人"明知"对方是幼女；对于不满12周岁的被害人实施奸淫等性侵害行为的，应当认定行为人"明知"对方是幼女；对于已满12周岁不满14周岁的被害人，从其身体发育状况、言谈举止、衣着特征、生活作息规律等观察可能是幼女，而实施奸淫等性侵害行为的，应当认定行为人"明知"对方是幼女。

（10）强制猥亵、侮辱罪和强制猥亵儿童罪

所谓猥亵，是指以刺激或满足性欲为目的，用性交以外的方法实施的淫秽行为。强制猥亵是指行为人以暴力、胁迫或者其他方法强制侮辱、猥亵他人的行为。强制猥亵、侮辱罪是《刑法修正案（九）》新修改的罪名。过去强制猥亵罪的对象仅限于妇女和儿童，刑法修改后，猥亵和侮辱的对象不再有性别限制，无论男女均可成为强制猥亵罪的对象。如2016年9月，两段浙江省余姚市职成教中心学校学生遭多名女生殴打的视频在网上流传，视频中一名身穿白衣迷彩裤的女生被推倒在草地上，数名女生轮番上前猛踹，还揪其头发，数次掌掴受害女生。在另一段视频中，受害女生裤子被脱掉，视频中未露脸的女生一边用树枝侵犯其下体，一边对其讥讽凌辱。该案例中欺凌者脱掉他人裤子、侵犯下体等行为均构成强制猥亵。公安机关介入后，涉案犯罪嫌疑人被采取强制措施。

《刑法修正案（九）》对猥亵儿童罪的规定与之前一样，体现了对儿童的特殊保护。对于"儿童"的年龄如何界定，参考《刑法》中对不满14周岁的幼女的特殊保护，这里的猥亵儿童罪的犯罪对象应该是不满14周岁的女童或者男童，也就是说，猥亵不满14周岁的未成年人的行为有可能构成本罪，而且要从重处罚。

根据《刑法》第237条的规定，以暴力、胁迫或者其他方法强制猥亵他人或者侮辱妇女的，处五年以下有期徒刑或者拘役。聚众或者在公共场所当众犯前款罪的，或者有其他恶劣情节的，处五年以上有期徒刑。猥亵儿童的，依照前两款的规定从重处罚。

（11）其他与性侵害相关的罪名

性侵害既包括强奸、猥亵等直接进行身体接触的行为，也包括传播淫秽物品等非身体接触的侵害。其他与性侵害相关的罪名包括组织卖淫罪，强迫卖淫罪，协助组织卖淫罪，引诱、容留、介绍卖淫罪，引诱幼女卖淫罪，传播淫秽物品罪等。例如，某学校17岁的学生小丽在朋友的介绍下认识了社会男子张某，在重金诱惑下与张某发生了性关系，并得到了张某支付的报酬。小丽以为自己找到了一条赚取零花钱的捷径，竟然联系他人，强迫其他同学在酒店卖淫。最终小丽被以强迫卖淫罪、介绍卖淫罪定罪处罚。

> 讨论
> 你认为上述刑事罪名是否涵盖了所有严重欺凌行为？还有哪些欺凌行为应该被追究刑事责任？

学校的责任

学校对在校学生负有教育、管理和保护的职责。根据我国《侵权责任法》的规定，无民事行为能力人在幼儿园、学校或者其他教育机构学习、生活期间受到人身损害的，幼儿园、学校或者其他教育机构应当承担责任，但能够证明尽到教育、管理职责的，不承担责任。限制民事行为能力人在学校或者其他教育机构学习、生活期间受到人身损害，学校或者其他教育机构未尽到教育、管理职责的，应当承担责任。

校园欺凌案件发生后学校应当根据《学生伤害事故处理办法》《侵权责任法》《中小学幼儿园安全管理办法》等规定承担相应的责任。对于校园欺凌案件的发生，学校有过错的，要承担民事赔偿责任；学校教师或者其他工作人员存在故意或者重大过失，学校予以赔偿后，可以向有关责任人员追偿。需要强调的是，除了民事赔偿责任之外，如果老师因没有有效履行职责而给学生造成伤害，也会面临行政处分，情节严重的还可能面临刑罚处罚。

《学生伤害事故处理办法》第32条规定："发生学生伤害事故，学校负有责任且情节严重的，教育行政部门应当根据有关规定，对学校的直接负责的主管人员和其他直接责任人员，分别给予相应的行政处分；有关责任人的行为触犯刑律的，应当移送司法机关依法追究刑事责任。"另外，根据九部门意见，校长是防治校园欺凌的第一责任人，法制副校长和班主任是直接责任人。这就提醒老师，如果对于校园欺凌行为不重视、不处理，个人也会面临相应的行政责任。

1. 学校应承担的民事责任

对于在学校发生的校园欺凌案件，侵害一般是由欺凌者造成的，因此，对被欺凌者的伤害或者损失，应由欺凌者及其监护人承担责任。但对于在学校发生的欺凌案件，如果学校存在过错，也应当承担责任。

对于不同年龄段的孩子，学校承担的责任是不一样的，学生年龄越小，学校需要承担的责任越大。根据相关规定，对无民事行为能力的学生，学校承担责任时适用的归责原则为"过错推定"，即只要发生了学生伤害事故，就推定学校有过错，应当承担民事责任。在诉讼过程中，要由学校承担证明自己无过错的举证责任，家长只需证明伤害发生在校园即可。对于限制民事行为能力的学生在校园受到伤害时，学校承担过错责任，即学校未尽到相应教育、管理职责时才承担赔偿责任，赔偿数额根据其过错程度确定。

学校承担责任的大小，根据过错程度和过错行为与损害后果之间的因果关系确定。

2. 学校主管人员责任

根据我国《学生伤害事故处理办法》《中小学幼儿园安全管理办法》等相关规定，发生学生伤害事故，学校负有责任且情节严重的，教育行政部门应当根据有关规定，对学校的直接负责的主管人员和其他直接责任人员，分别给予相应的行政处分；有关责任人的行为触犯刑律的，应当移送司法机关依法追究刑事责任。

陕西韩城某中学初二年级学生薛某将袜子掉到了宿舍另一学生小刚的床上，小刚随即用枕头砸向薛某，双方发生矛盾。后来小刚数次纠集一群初中学生对薛某进行群殴，也经常在宿舍欺负薛某。但是学校老师及宿舍管理人员均没有及时发现。直到有一次，薛某所在的宿舍监管老师巡查到一楼时，有学生向他报告，薛某被打得从床上摔了下来。接到报告后，校领导和老师立即将薛某送往医院，但薛某不治身亡。该事件发生后，当地教育局作出决定，并报市纪委审理通过：给予对事件负有管理责任的该校校长行政记过处分、主管政教的副校长记大过处分，校政教主任行政降级处分、副主任行政记过处分，班主任行政记大过处分，宿舍管理员行政降级处分。教育局要求其辖区内的各个学校进一步强化校园管理措施，落实责任查找安全隐患，确保校园安全工作无死角。

2016年5月，山东省日照市某中学一段校园暴力视频在网上疯传。一名男生被一名身体强壮的同学殴打，先是边拉上衣边踹，踹倒在地后继续踹胸部。现场有数十名学生围观，有的学生甚至嬉笑着说"别打他腮""再来一遍"等。经过公安部门和教育局调查组调查，事情的发生反映了学校管理工作不到位，经教育局研究决定，对该校校长给予行政警告处分，责令作出深刻检查；对分管校长、政教主任进行诫勉谈话，绩效考核降档处理；对班主任实行了月度工作绩效考核一票否决，向学校作出深刻检查。上述两起事件就是学校的安全管理工作不到位导致没有及时发现学生之间存在欺凌行为，学校领导和相关人员因此受到了处分。

3. 直接责任人的责任

学校管理职责的执行最终是落实到具体责任人的，如果老师的职责没有尽到位，对发生校园欺凌事件有故意或者重大过失，学校予以赔偿后可以向老师追偿。如下面的案例中，老师安排学生看管其他学生，导致被看管学生受伤，老师的做法明显不当，学校在赔偿后可以对老师进行追偿：

  一名武术学校的12岁学生晓雷经常逃学，晓雷的教练郑老师指使小强等6名学生在24小时之内轮流看管他。不料，看管时，这些"习武"的学生对晓雷拳打脚踢并用木棍殴打。家人发现晓雷遍体鳞伤，将其送至医院。经诊断，晓雷全身多处软组织挫伤，已构成轻伤。晓雷的父亲黄先生将学校诉至法院，要求赔偿医疗费、精神损失费等近4万元。法庭上，学校的代理人称，晓雷有不良癖瘾，曾9次转学，难以管教，负责看管的学生只是用塑料棍打了他的手心。而晓雷的伤系黄先生长期采取的殴打教育所致，与校方无关。法院经审理认为，在晓雷违反校规时，老师将其交给其他限制民事行为能力人彻夜看管，导致其被同学殴打，学校应对该事件负主要责任。在以上的案例中，学校和老师存在明显过错，老师应该预见到，安排学生24小时看管学生晓雷本身就限制了这名学生的自由，而且还疏于对学生的教育、管理和保护，没有认真履行好自身职责，因此学校有权对老师进行追偿。

你认为学校还应该承担哪些责任？

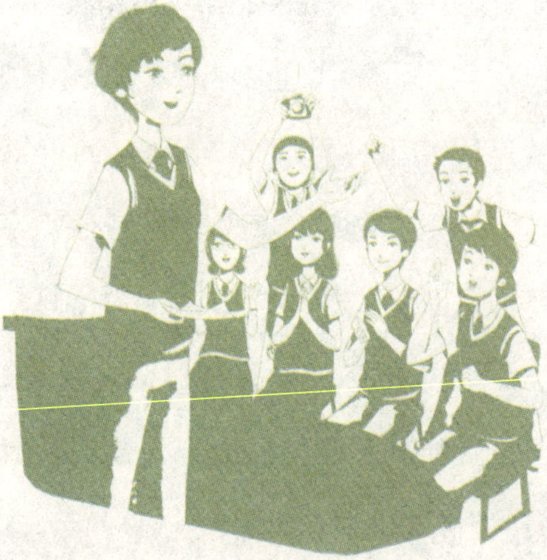

后记

初心·十年

十年之前，我还是新编辑，在做一个面向未成年人普法的选题，需要一位业内专家给把关，我辗转打了几个电话，联系到佟丽华律师，佟律师听到我们的策划初衷，很爽快地答应了帮助审读稿件，给出意见。

当时，他已经是一个十分忙碌的人，但守时守信，约了中午的一个小时，匆匆赶来出版集团。我说："到饭点儿了，请您在附近的饭店边吃边聊吧！"他说："饭店就算了，太贵又浪费时间，去麦当劳吧。"

就在北三环的麦当劳，他说起他的工作，始终致力维护未成年人权益，全力帮助弱势群体，这是他作为一个公益律师坚持努力的方向。他对我说："你做少儿图书，也一样需要有这样的心。有了心，工作才有意思。"

十年后，常见有人提及情怀。我理解的情怀就是佟律师所提到的那份心，是一个人对自己的工作或生活寄予了更高更远的目标，如同夜航时望见的灯塔，遥远的光，却能照亮眼前的路。

十年沧桑，很多老友遥遥相望，很多人则慢慢失去联系，我的手机换了几个，跟佟律师的联系也断了。偶尔在《焦点访谈》《今日说法》等栏目里看到他，他带领他的公益律师团队为了保护一个个弱小的生命而奔走疾呼，动用"正义之剑"，维护孩子们的平安健康成长；他被媒体称为"中国未成年人维权第一人""中国公益律师领军人物"，全国超过50万未成年人、农民工等困难群众从他所推动的免费法律服务中直接受益；他是过去十年来中国儿童保护法律制度主要的推动者之一，是中国儿童保护领域权威的专家之一。

2016年，我的部门在做另一本"十三五"规划课题项目"我的第一堂宪法课"，在最终的审读阶段，我想到了佟律师，找到他律所的电话，他迅速回复，约我们去律所一叙。

十年不见，1971年生人的佟律师已头发花白。

佟律师办公室悬一横幅，上书《论语·为政篇》：或谓孔子曰："子奚不为政？"子曰："《书》云：'孝乎惟孝，友于兄弟，施于有政。'是亦为政，奚其为为政？"——不为政，但以自己的努力推动司法的建设，推动制度的完善，以公益律师的身份，十余年间奔走，全力推进中国未成年人保护事业的进程，这，应是他的初心及多年不变的一份情怀。

他对我和编辑闫颂说："我知道这个社会的问题在哪里，和有些人不同的是，我不抱怨，而是全力谋求解决的办法，始终在努力。我认为，这也是我们共产党的希望所在。"

深以为然，并且也始终如此践行。

2017年初，我们全力推出《反校园欺凌手册》和这本书的学生读本，关于出版的背景和内容，前言已说清，不赘述。作为出版者，我们的目的也很明确，尽我们的能力，推动平安校园的建设，如果能够促进这个社会向更和谐、更文明的方向发展，于愿已足。

穆怀黎
2017年1月9日